人力资源管理应备的财务常识

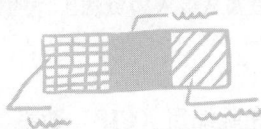

朱菲菲 ◎ 编著

中国铁道出版社有限公司

CHINA RAILWAY PUBLISHING HOUSE CO., LTD.

内 容 简 介

　　本书是一本专门针对公司人力资源工作者学习财务知识的书籍，综合介绍了人力资源工作中会涉及到的各方面财务知识。

　　全书共有 8 章，主要包括人力资源需要了解的基本财务常识，财务岗位、员工工资、社保、公积金、商业保险、日常开支、各种补贴、员工个人所得税、人力资源成本和人力资本投资等与财务的关系，以及如何从人力资源方向防范财务风险等。

　　本书的针对性较强，在讲解过程中均以公司人力资源工作者为出发点，讲解与其工作有关的财务知识。因此对于在岗的人力资源工作者、或即将以及想要从事人力资源工作的人来说，都是非常实用的。

图书在版编目（CIP）数据

　　人力资源管理应备的财务常识 / 朱菲菲编著 . —北京：

中国铁道出版社，2019.5（2024.4 重印）

　　ISBN 978-7-113-25420-9

　　Ⅰ . ①人… Ⅱ . ①朱… Ⅲ . ①企业管理 - 人力资源管理

②企业管理 - 财务管理 Ⅳ . ① F272.92 ② F275

　　中国版本图书馆 CIP 数据核字（2019）第 006235 号

书　　名：人力资源管理应备的财务常识
作　　者：朱菲菲

责任编辑：王　佩　　编辑部电话：（010）51873022　　邮箱：505733396@qq.com
责任印制：赵星辰
封面设计：MX DESIGN STUDIO

出版发行：中国铁道出版社有限公司（100054，北京市西城区右安门西街 8 号）
印　　刷：北京铭成印刷有限公司
版　　次：2019 年 5 月第 1 版　　2024 年 4 月第 7 次印刷
开　　本：710mm×1000mm　1/16　印张：15.5　字数：194 千
书　　号：ISBN 978-7-113-25420-9
定　　价：55.00 元

前言

FOREWORD

财务是公司财务活动和财务关系的统称，不仅体现公司在生产过程中涉及的资金活动情况，还反映财务活动中公司与各方面的经济关系。因此，对公司来说，其重要性不言而喻。

财务工作涉及公司的资产购置（投资）、资本融通（筹资）和经营中现金流量（营运资金）与利润分配的管理，关系着公司的经济命脉，其他任何部门都会与财务部的工作有所联系，尤其是人力资源部。

作为公司的人力资源工作者，要负责核算员工的工资、社保和住房公积金，这些开支都与财务工作有密切联系，且涉及了公司经营成本中的一大部分。为了能更好地完成人力资源相关工作，必须了解甚至熟知某些财务常识和基础知识。

但实际工作中，很少有人力资源工作者对财务知识有系统的了解，大多是"不关我事，我只做好本职工作就行"的心态，导致工作与财务脱节，降低工作效率。因此，为了帮助人力资源与财务工作能更有效的融合协作，编著了本书。

本书包括 8 章内容，具体章节的内容如下所示。

◎ 第一部分：第 1 章

　　该部分主要介绍了财务理念、财务管理目标、人力资源成本、会计科目、会计账户、原始凭证、会计账簿、财务报表、资金运动和财务分析方法等财务常识和基础知识，帮助人力资源从整体了解财务。

◎ 第二部分：第 2 ~ 7 章

　　该部分主要讲解了人力资源应该了解的财务工作者岗位职责、员工工资的核算问题、社保和公积金等保障措施与财务的关系、日常开支与各种补贴对财务工作的影响、员工个人所得税的缴纳、人力资源成本的控制以及人力资本投资等内容，让人力资源确切地认识到财务与自身的密不可分的关系。

◎ 第三部分：第 8 章

　　该部分主要讲述相关工作者如何从人力资源的角度防范财务风险，让公司的人力资源在防范财务风险的工作中也发挥作用。

　　本书语言通俗易懂、逻辑严谨，以准确的理论知识打基础，再配以典型的案例和清晰的操作流程，帮助人力资源全方位了解公司的财务工作和相应的财务知识。本书定位清晰，内容针对性强，对正在从事、即将从事和想要从事人力资源工作的人来说非常实用。当然，其他对人力资源财务感兴趣的人士也可通过本书的学习，了解财务常识和基础知识。

　　最后，希望所有读者能从本书中获益，帮助您最终成为一名专业的 HR。由于编者能力有限，对于本书内容不完善的地方希望获得读者的指正。

编　者

2018 年 9 月

目录

CONTENTS

第1章 人力资源要了解的财务基础

对于人力资源工作者来说，其工作内容分为六大板块，招聘、考核、培训、规划、薪酬和员工关系，由此不难看出，人力资源工作者必然会在工作上与财务部进行交流。因此，要做好人力资源工作，了解一些财务基础是必要之举。

第2章 熟悉员工岗位，核算并提交员工工资

公司的人力资源不仅要负责各个岗位的员工招聘工作，还要对公司的所有员工进行薪酬管理。要了解财务人员的岗位要求和职责，这样有利于为公司招聘到合适的财务人员。还要按月核算出每位员工的工资，并提交给财务部审核，让员工获得其应得的劳动报酬。

第3章　社保、公积金和商业保险与财务的关系

公司人力资源除了要核算员工的工资，还要处理员工的社保、公积金和商业保险等问题。人力资源若要做好本职工作，同时更好地协助财务部的工作，就要了解社保、公积金和商业保险等与财务的关系，做到心中有数。

3.1　了解社保和公积金才能做好数据统计　/84

第4章 日常开支与各种补贴对财务的影响

在公司经营管理过程中，人力资源除了要清楚员工工资、社保和公积金等大项开支外，还会接触一些小项的日常开支和各种补贴，如采购办公用品的支出、组织招聘的资金耗费等。这些也都与公司的财务密切相关，人力资源有必要了解其中的财务知识和财务问题。

第5章　核算并提交个人所得税情况

在人力资源得到员工的社保、公积金等数据明细后，还要核算出部分需要缴纳个人所得税的员工的应交税额，进而得出每位员工的实发工资数，并将核算结果提交给财务部，由财务部根据实发工资数为每位员工发放工资。

第6章　控制人力资源成本，减轻经营负担

人力资源成本是公司为了实现自己的经营目标，创造最佳经济和社会效益，获得、开发、使用、保障必要的人力资源及其离职所支出的各项费用的总和。财会人员在核算公司的经营成本时，必定会考虑人力资源成本。

第7章 人力资本投资与公司财务

公司为了自身发展，会定期或不定期地对员工进行各种培训，如岗前培训、技术培训等；同时也会为了留住人才而提高公司的福利待遇，这些都属于人力资本投资。作为人力资源，必须要正确认识人力资本投资的重要性，以及人力资本投资如何影响公司的财务。

第8章 从人力资源方向防范财务风险

防范财务风险主要工作包括协助制定与财务相关的制度和规定，履行好人力资源的工作职责，遇到财务问题及时向财务部及上级领导报告等。因此，人力资源就很有必要了解一些防范财务风险的知识。

凭证

账簿

报表

工资

员工岗位

社保

个人所得税

人力资源成本

年终奖

补贴

人力资源投资

公积金

CHAPTER

01

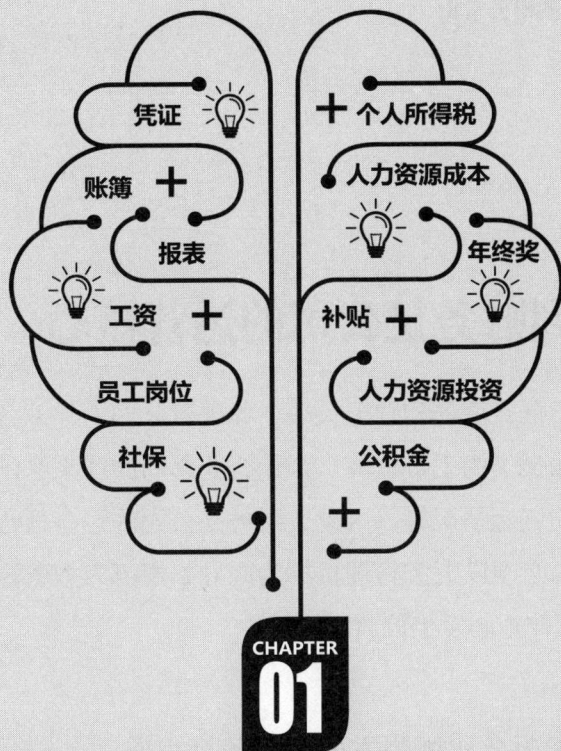

人力资源要了解的财务基础

　　很多工作者认为，只要在自己的岗位上履行相应的职责就足够了。但身处职场，在实际工作中免不了要与其他部门打交道。而对于人力资源工作者来说，其工作内容分为六大板块，分别是招聘、考核、培训、规划、薪酬和员工关系，由此不难看出，人力资源工作者必然会在工作上与财务部进行交流。因此，要做好人力资源工作，了解一些财务基础是必要之举。

1.1
要意识到财务是公司的运营核心

　　财务泛指财务活动和财务关系，体现着公司内外部各方面之间的经济关系，如员工的工资核算、合作企业之间的往来账以及公司采购和销售涉及的资金情况等。因此，财务是公司的运营核心，作为人力资源工作者，必须以财务管理目标为向导，规范人力资源工作的执行过程，防止工作重心发生偏离。

1.1.1　人力资源会从哪些方面与财务打交道

　　财务部可谓是掌管着公司经济的部门，任何与公司钱财有关联的事务都需要通过财务部进行处理，其中，HR 与财务的关系最密切。下面就来看看人力资源会在哪些方面与财务打交道。

　　◆　核算工资

　　在处理公司员工的工资问题时，首先需要人力资源部对公司内部所有员工的应发工资进行核算，然后提交给财务部。财务部再根据人力资源部提交的考勤表和绩效考核表等辅助资料审核员工们的工资明细，确认无误后将明细申报给当地社保局。

　　◆　各种支出的报销

　　人力资源部如果先垫付了日常开支，事后则需要向财务部报销，同时提供相应的收据或其他凭证，财务部审核通过后即可领取相应的垫付资金。

◆ 办事前预借钱款

人力资源在组织大型培训会或招聘会时，需要用到的资金比较大，此时无法先垫付，则需要向财务部申请，预借款项来完成工作。财务部通过对人力资源部提交的项目预算进行审核，来判定预借款是否合理，是否借出该笔借款等。

◆ 社保、公积金和实发工资的确认

当公司向当地社保局申报了每位员工的工资明细后，社保局会根据当地社保及公积金缴存基数标准与比例标准核算员工应缴纳的社保和公积金数额，然后向公司出具相应的明细。公司的每位员工都可以到相应的官网上查看自己的社保和公积金明细，而财务部需要根据社保和公积金明细确认每位员工的实发工资。

◆ 人力资源部根据财务部提供的明细制作工资条

当财务部根据当地社保局出具的社保和公积金明细确认了每位员工的实发工资后，给每位员工发放工资，同时将对应的每位员工的工资情况递交给人力资源部，由人力资源部制作工资条，按月发放给员工。员工可以对照工资条和实际拿到手的工资数额。

◆ 招聘财务人员的过程中相互沟通

当人力资源部根据公司需要，招聘财务人员时，要向财务部了解岗位要求和职责，防止通知到公司面试的人与财务工作不相匹配。

◆ 组织财务人员培训时要与财务部联系

由于财务工作的技术含量较高，对财务人员的集体培训需要财务老员工或专业的财务培训师来培训。此时，负责组织和安排培训课的人力资源部需要与财务部联系，要求其提供培训人员或介绍专业的财务讲师，而人力资源部则做好接待和工作衔接。

◆ 人力资源部要定期向财务部提交人力资源成本预算

为了方便公司进行财务管理，控制经营成本，人力资源部要定期向财务部提交人力资源成本预算。

1.1.2 人力资源应牢记的财务理念

人力资源牢记财务理念，才能时时刻刻将财务定位于公司的运营核心位置，也才能更好地配合财务部完成相应的工作。如表 1-1 所示的是人力资源也需要牢记的财务理念。

表 1-1　人力资源要牢记的财务理念

财务理念	详述
财务管理有目标	公司财务管理有目标是最基本、最重要的财务理念，具有导向性和高度概括性，它不是固定不变的，会随着财务管理环境的改变而改变
大财务	"大财务"理念即公司经营管理中会不断强化财务管理职能，拓宽财务管理领域，强调事前引导和预警、事中服务和控制，使财务管理延伸到公司全员、全过程和全方位
大成本	公司要有一个"大成本"战略，它是一个扩展的、完整的成本管理框架，要求财务从传统的生产过程成本控制向其他方向延伸，从源头考虑成本的承受能力，加强公司内部各个环节、部分成本和全过程的成本管理与控制。并且，成本管理工作不仅仅是节约和缩减开支，更强调积极有效地投入和支出，即付出的成本要能支持和促进公司战略目标的实现
大资金	公司要加强资金管理，提高资金的使用效率和效益，保障公司的竞争力，确保公司长远稳健地发展
资金有时间价值	货币会随着时间的推移而发生增值，所以公司的资金在周转使用后也会增值，而增值额就是资金时间价值
精打细算	无论是公司收入还是支出，财务管理均会精确到每一分钱，这样才能管好账，为公司保存经济实力

续表

财务理念	详述
大分析	财务分析的过程就是要穿透数据追溯业务形成的全过程,包括人力资源的工作内容。"大分析"理念要求公司通过财务分析发现与同行业先进企业各方面的不同,然后分主次列出需要改善的事项
财务专门化	财务与会计有区别,财务更倾向于决策,而会计更倾向于是一种经济管理活动,注意不要混淆了财务和会计
财务网络化	目前,国内很多公司的财务都实行无纸化,很多工作内容均可以在网上进行,消除了财务与其他业务和其他部门之间的障碍,加快了信息的传递速度,方便了信息获取和交流,实现了信息化财务
相关者利益最大化	各个利益主体都向公司投入了专用性资本,所以均有权享受和分配公司的利益。人力资源也应该树立相关者利益最大化的财务理念,在工作中为公司争取价值总量最大化的同时也要实现相关者利益最大化的配置和协调
财务风险	主要指公司在投资活动中的风险报酬理念和筹资活动中的财务风险理念,它贯穿于财务管理工作的全过程,是财务管理的基本理念
税务筹划	公司会在保证遵守国家税法的前提下,通过税务筹划使公司利益达到最大
资本保全	即保证公司资本的保值与增值,维护投资者的权益
财务预算	"财务预算"理念是指导公司各部门进行成本预算和控制的指南针,牢记该理念,可以帮助公司更好地控制经营成本
以人为本	"以人为本"理念就是肯定人在生产经营中的作用远比工业经济时代更重要、更直接。要知道,只有"以人为本"的理念才能充分发掘员工的潜力,调动其积极性

1.1.3 牢记公司的财务管理目标及其问题

财务管理目标是一切财务活动的出发点和归宿,是评价公司理财活动是否合理的基本标准,是公司经营目标在财务上的集中体现。只有明确了合理的财务管理目标，财务管理工作和其他公司事务才有明确的方向。所以，人力资源工作者必须牢记财务管理的目标。

不同的公司有其特有的财务管理目标，但大体上有如下 4 个。

（1）利润最大化

利润最大化目标认为：利润代表了公司新创造的财富，利润越多，说明公司的财务增加得越多，越接近公司的经营目标。但该目标存在如下缺点。

◆ 大多数公司没有明确利润最大化中的"利润"是什么，会给公司管理当局提供进行利润操纵的空间。

◆ 不符合货币时间价值的理财原则，没有考虑利润的取得时间，不符合现代企业"时间就是价值"的理念。

◆ 不符合风险与报酬均衡的理财原则，没有考虑利润和所承担风险的关系，增大了公司的经营风险和财务风险。

◆ 没有考虑取得利润与投入资本额的关系，该目标中的利润是绝对指标，不能真正衡量公司经营业绩的优劣，也不利于本公司在同行业中竞争优势的确立。

（2）股东财富最大化

股东财富最大化目标是指通过财务上的合理经营，为股东创造最多的财富。该目标同样存在一些缺点，具体如下所示。

◆ **适用范围存在限制**：该目标只适用于上市公司，不适用于非上市公司，所以不具有普遍的代表性。

◆ **不符合可控性原则**：公司的股票价格高低受多种因素的影响，如国家政策的调整、国内外经济形势的变化和股民的心理等，这些因素对公司管理当局来说是不可能完全加以控制的。

◆ **不符合理财主体假设**：理财主体假设认为，公司的财务管理工作应限制在每一个经营上和财务上具有独立性的单位组织内部，而股东财富最大化将股东这一理财主体与公司这一理财主体混同了。

◆ **不符合证券市场的发展**：证券市场既是股东筹资、投资的场所，也是债权人进行投资的场所，同时还是经理人市场形成的重要条件，股东财富最大化片面强调站在股东立场的资本市场的重要性，不利于证券市场的全面发展。

◆ **忽视其他相关者的利益**：股东财富最大化目标更多地强调股东利益，对其他相关者的利益不够重视。

（3）公司价值最大化

公司价值最大化目标是指采用最优的财务结构，充分考虑资金的时间价值、风险与报酬的关系，使公司价值达到最大。该目标全面地考虑了公司利益相关者和社会责任对公司财务管理目标的影响。但即便如此，该目标还是存在一些问题，如表1-2所示。

表 1-2 公司价值最大化目标存在的问题

问题	详述
计量方面的问题	1. 把不同理财主体的自由现金流混合折现，不具有可比性； 2. 把不同时点的现金流共同折现，不具有说服力
不易被管理当局理解和掌握	该目标实际上是几个具体财务管理目标的综合体，包括股东财富最大化、债权人财富最大化和其他各种利益方财富最大化。这些具体目标的衡量有不同的评价指标，综合在一起显得比较复杂
没有考虑股权资本成本	股权资本和债券资本都不是免费取得的，如果公司连最低的投资报酬都不能承诺给股东，则股东就会转移资本投向，这就会给公司增加不必要的股权资本成本

（4）利益相关者财富最大化

该目标是指公司是一个由多个利益相关者组成的集合体，要从更广泛、更长远的角度找到一个更合适的财务目标——利益相关者财富最大化目标，即所有公司的利益相关者的财富都要最大化。听起来都让人感觉不太可能，所以它存在以下明显的缺点。

①公司在特定的经营时期内，几乎不可能使利益相关者财富最大化，只能做到协调化。

②该目标下所设计的计量指标中，销售收入、产品市场占有率是公司的经营指标，这已经超出了财务管理自身的范畴。

从利润最大化→股东财富最大化→公司价值最大化→利益相关者财富最大化，是认识上的飞跃，但它们存在一个共同的缺点：只考虑了财务资本对公司经营活动的影响，忽略了知识资本对公司经营活动的作用。因此，公司要根据自身实际情况，制定更合理的财务管理目标。

职场加油站

知识资本包括产品和服务的创造过程中所有知识性和技术性的投入，可以将其看成是转化为公司的知识产权和智力资产的知识本身。从广义的角度看，知识资本有人力、管理、技术、经验和经营成果等要素；从狭义的角度看，知识资本包括员工积累的知识和技能，以及正在创造的知识和成果等。

1.1.4 人力资源成本是财务核算的一部分

人力资源成本是公司为了实现自己的组织目标，创造最佳经济和社会效益，从而在获得、开发、使用和保障必要的人力资源以及人力资源离职时所支出的各项费用总和。

◆ 人力资源的获得成本

人力资源获得成本是公司在招募和录取员工的过程中发生的成本，

如招募成本、选择成本、录用成本和安置成本。在进行财务核算时，该部分成本计入管理费用。

◆ 人力资源的开发成本

为了提高工作效率，公司还需要对已经获得的人力资源进行培训，使其具有预期的、合乎具体工作岗位要求的业务水平。这种为了提高员工的技能而发生的费用即人力资源开发成本，主要包括上岗前教育成本、岗位培训成本和脱产培训成本等。在进行财务核算时，这些成本将通过"应付职工薪酬——职工教育经费"会计科目计入管理费用。

◆ 人力资源的使用成本

人力资源使用成本是公司在使用员工的过程中发生的成本，如维持成本、奖励成本和调剂成本等。维持成本是维持员工继续在公司工作所付出的成本；奖励成本是对表现好的员工进行嘉奖所付出的成本；调剂成本是对员工岗位进行调换以赢得更好的工作效益所付出的成本。

在进行财务核算时，需要根据具体的成本性质进行不同的账务处理，比如奖励成本中的绩效奖金一般划分到工资里，而节假日发放的礼品或红包会划分到职工福利里。

◆ 人力资源的保障成本

人力资源的保障成本是指保障公司人力资源在短期内或长期丧失使用价值时的生存权而必须支付的费用，包括劳动事故保障、健康保障、退休养老保障和失业保障等费用。在进行财务核算时，通常把这些归为社保的内容。

◆ 人力资源的离职成本

公司因为员工离职而产生的成本称为人力资源的离职成本，如离职补偿费用、离职前低效成本和空职成本等。离职补偿费用包括离职者的工资和离职补偿金；离职前低效成本是指员工即将离开公司时造成的工作或生产低效率的损失费用；空职成本是指员工离职后职位空缺可能会使某项工作或任务的完成受到不良影响，进而造成的损失费用。

在进行财务核算时，离职补偿费用将划分到"应付职工薪酬"中，而其他两项成本无法在账目上明确体现，属于隐性成本，最终将综合体现在公司的盈利状况上。

如图 1-1 所示的是财务核算工作中的公司经营成本的组成情况，而人力资源成本分别含在了直接工资、其他直接支出、制造费用和期间费用等组成部分中。

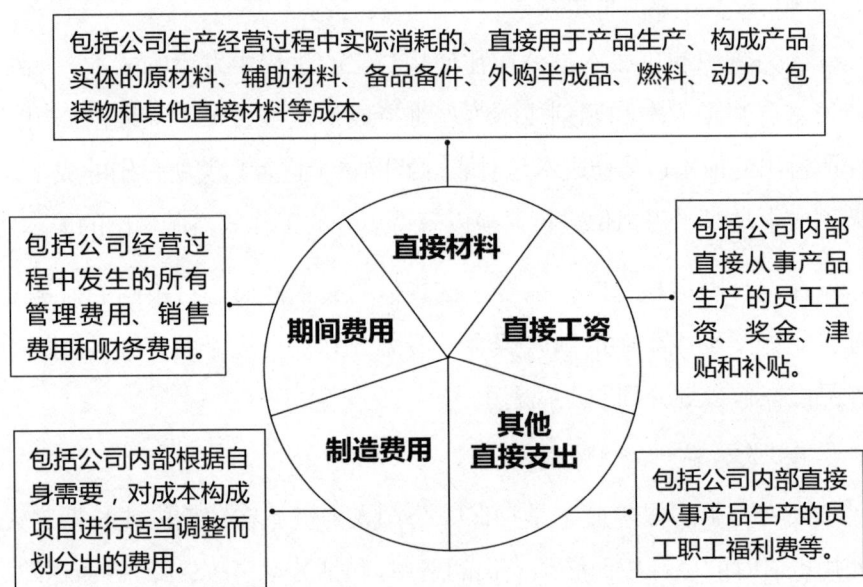

包括公司生产经营过程中实际消耗的、直接用于产品生产、构成产品实体的原材料、辅助材料、备品备件、外购半成品、燃料、动力、包装物和其他直接材料等成本。

包括公司经营过程中发生的所有管理费用、销售费用和财务费用。

包括公司内部直接从事产品生产的员工工资、奖金、津贴和补贴。

包括公司内部根据自身需要，对成本构成项目进行适当调整而划分出的费用。

包括公司内部直接从事产品生产的员工职工福利费等。

直接材料　直接工资　期间费用　制造费用　其他直接支出

图 1-1

1.1.5 清楚人力资源部与财务部的关系

在一个公司内部，人力资源部与财务部之间的联系最频繁，两个部门来往密切，如图 1-2 所示。

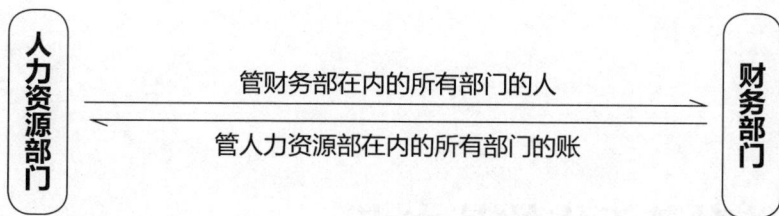

人力资源部 ⟶ 管财务部在内的所有部门的人 ⟶ 财务部门
财务部门 ⟵ 管人力资源部在内的所有部门的账 ⟵ 人力资源部

图 1-2

由上图可以看出，人力资源部和财务部是相互协同、共同作用的关系。人力资源部为财务部提供用工保障，而财务部为人力资源部提供财务支持。同时，人力资源部要将相应的员工数据提交给财务部，而财务部要将与人力资源相关的处理结果反馈给人力资源部。

人力资源部和财务部分别掌管着公司的人力资源和资金资源，它们都是公司生存和发展的必要条件，都非常重要。但是在不同的发展阶段，其重要性的高低会有明显区分：在资本原始积累阶段，资金比人力更重要；在完成资本原始积累后，人力就会更重要。

人力资源部的真正价值在于利用专业知识和部门职能，建立人力资源管理系统，把公司内部各层次的人力资源管理都纳入该系统，并对系统进行日常维护和改进，同时为包括财务部在内的所有部门的人力资源管理提供技术支持，协助各部门做好相应的人力资源管理工作。

财务部是公司内部控制的最佳执行者，其凌驾于公司基本活动之上，包括人力资源部的工作，持续进行全面地、可靠地确认、计量、记录和分析整理公司经营状况与理财状况的工作。也就是说，人力资源部发生的所有账，都会由财务部做好记录、确认等工作。

公司有人力资源部而没有财务部，账目会一团乱，长期下去，公司会垮掉；但如果有财务部而没有人力资源部，很快公司就会因为没有足够的人力而无法继续经营。

1.2
清楚财务工作的基本点

作为一个联系全公司员工关系的部门，人力资源部内的工作者都应该了解其他部门的基本工作内容，尤其是财务部，如什么是会计科目，什么是会计凭证，会计凭证如何填列，以及什么是会计账簿等。人力资源在工作中都有可能遇到这些问题，了解它们可以更好地完成工作。

1.2.1 认识会计科目和会计账户

会计科目是对会计要素（资产、负债、所有者权益、收入、费用和利润）对象的具体内容进行分类核算的类目，如固定资产、长期借款、实收资本、营业收入、管理费用和营业利润等。

会计账户是根据会计科目开设的、具有一定结构、用来系统且连续地记载各项经济业务的一种手段，每个账户都有一个简明的名称，用以说明该账户的经济内容。实际上，会计科目就是会计账户的名称。

不同性质的公司，其设置的会计科目会不同。下面以生产性企业为例，看看其常见的会计科目有哪些，具体如表 1-3 所示。

表 1-3　生产性企业的常见会计科目

类型	包含的会计科目
资产类	库存现金、银行存款、其他货币资金、交易性金融资产、应收票据、应收账款、预付账款、其他应收款、坏账准备、在途物资、原材料、材料成本差异、库存商品、存货跌价准备、长期应收款、固定资产、累计折旧、固定资产清理、无形资产和累计摊销等

续表

类型	包含的会计科目
负债类	短期借款、应付票据、应付账款、预收账款、应付职工薪酬、应交税费、应付利息、其他应付款、长期借款和长期应付款等
权益类	实收资本、资本公积、盈余公积、本年利润和利润分配等
损益类	主营业务收入、其他业务收入、公允价值变动损益、投资收益、营业外收入、主营业务成本、税金及附加、销售费用、管理费用、财务费用、资产减值损失、营业外支出和所得税费用等

表中列出的这些会计科目中，哪些是与人力资源部门相关的呢？

◆ **招聘环节**：招聘过程中会耗费一定的资金，财务人员会将这些资金计入"管理费用"会计科目，同时涉及"库存现金"或"银行存款"会计科目。

◆ **日常工作中**：人力资源部的日常工作中发生的员工培训费、采购办公用品的支出等，财务人员会将其计入"管理费用"会计科目，同时会涉及"库存现金"或"银行存款"会计科目；发生出差借款的，会涉及"管理费用——差旅费"和"其他应收款"会计科目。

◆ **获取报酬环节**：当公司财务部计提人力资源部员工的工资并发放时，会涉及"应付职工薪酬"、"管理费用"、"银行存款"和"应交税费——应交个人所得税"等会计科目。

人力资源工作者要知道，会计科目是会计制度的重要组成部分，是编制会计凭证、设置账簿及编制财务报表的依据。每一会计科目都有自己的编号，供公司填制会计凭证、登记会计账簿、查阅会计账目等参考使用，且不管公司的性质是哪类企业，一级会计科目的编号都是统一的。

1.2.2 学习原始凭证的填制与审核

会计凭证是记录经济业务发生或者完成情况的书面证明，是登记账簿的依据，每个企业都必须按一定的程序填制和审核会计凭证。如图 1-3 所示的是会计凭证的分类。

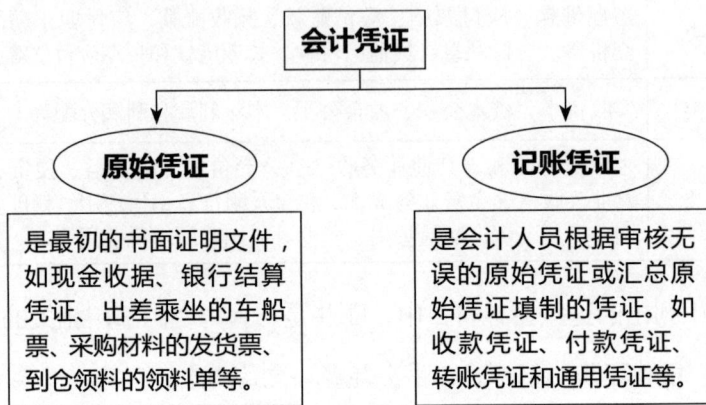

```
                    ┌──────────┐
                    │  会计凭证  │
                    └──────────┘
              ┌───────────┴───────────┐
              ▼                       ▼
        ╭──────────╮            ╭──────────╮
        │  原始凭证  │            │  记账凭证  │
        ╰──────────╯            ╰──────────╯
```

原始凭证	记账凭证
是最初的书面证明文件，如现金收据、银行结算凭证、出差乘坐的车船票、采购材料的发货票、到仓领料的领料单等。	是会计人员根据审核无误的原始凭证或汇总原始凭证填制的凭证。如收款凭证、付款凭证、转账凭证和通用凭证等。

图 1-3

对于人力资源工作者来说，一般能接触到的会计凭证都是原始凭证，所以可以了解一些原始凭证的填制要求和审核规范。

（1）原始凭证的填制要求

当人力资源采购办公用品，或处理其他一些事务时，很可能收到或开具一些原始凭证，因此要清楚地了解原始凭证的填制要求，如表 1-4 所示。

表 1-4　原始凭证的填制要求

填制要求	具体做法
记录要真实	原始凭证上填列的经济业务内容和数字必须真实可靠，符合国家有关政策、法令、法规和制度的要求，符合有关经济业务的实际情况，不得弄虚作假，更不得伪造凭证
内容要完整	原始凭证要求填列的项目必须逐项填列齐全，不得遗漏和省略，要符合手续完备的要求，经办业务的有关部门和人员要认真审核并签字盖章

续表

填制要求	具体做法
手续要完备	公司自制的原始凭证必须有经办单位领导人或其他指定的人员签名盖章；对外开出的原始凭证必须加盖本公司的公章；从外部取得的原始凭证必须有填制单位的公章；从个人取得的原始凭证必须有填制人员的签字盖章
书写要清楚且规范	原始凭证要按规定填写，文字要简要，字迹要清楚，易于辨认，不得使用未经国务院公布的简化汉字。 1. 大小写金额必须相符且填写规范，小写金额用阿拉伯数字逐个书写，不得写连笔字，在金额前面要填写人民币符号"￥"，且与阿拉伯数字之间不能留空白； 2. 金额数字一律填写到角分，无角分的，写"00"或符号"-"；有角无分的，分位写"0"，且不得用符号"-"； 3. 大写金额用汉字壹、贰、叁、肆、伍、陆、柒、捌、玖、拾、佰、仟、万、亿、元、角、分、零、整等，且一律用正楷或行书字书写； 4. 大写金额前未印有"人民币"字样的，应加写"人民币"3个字，且与大写金额之间不得留空白； 5. 大写金额到元或角为止的，后面要写"整"或"正"字；到分的，不写"整"或"正"字，如小写金额为￥1 001.00，大写金额应写成"壹仟零壹元整"
编号要连续	如果原始凭证已经预先印定编号，在写坏作废时，应加盖"作废"戳记，妥善保管，不得撕毁
不得涂改、刮擦或挖补	原始凭证有错误的，应由出具单位重开或更正，更正处应加盖出具单位的印章；原始凭证金额有错误的，应由出具单位重开，不得在原始凭证上更正
填制要及时	各种原始凭证一定要及时填写，并按规定的程序及时送交给公司的财务部，便于会计人员进行审核
格式要统一	一般情况下，诸如增值税专用发票之类的原始凭证，是由税务机关统一印制和监制的，而普通发票是由财政部门统一印制和监制

（2）原始凭证的审核

《会计法》的相关条款规定，会计机构和会计人员必须审核原始凭证，这是法律职责。对人力资源来说，可以简单认识原始凭证的审核内容，进而帮助财会人员把好原始凭证审核的第一关。

①辨别发票的真伪。发票号码与单位归属地址不一致、超过了税务局印制的最大面额的以及机打发票没有精确到年月日的，这些发票均为假发票。

②看发票是否盖有发票专用章或财务专用章。

③看原始凭证的金额合计是否正确，大小写金额是否一致。

④看原始凭证是否有经办人签字。

⑤看签字手续和单据是否齐全，比如招待费是否有分管领导批准，培训费、固定资产购置及大额支出等是否有申请批示。

⑥看原始凭证的填写是否完整规范，是否包括单位、数量、单价、金额和规格型号等内容。

⑦如果是手写发票，看是否是双面复印。

⑧看原始单据的粘贴是否规范，是否有经办人签字。

⑨看汇总发票是否附有机打小票或销售清单，是否盖有发票专用章或财务专用章。

⑩如果存在由于供货方原因而无法取得有效凭证的情况，则要看公司是否向对方索取收据或其他证据，还要看收据或证据上是否盖有印章，是否有证明人和经办人签字。

1.2.3　了解会计账簿的类型

会计账簿是以会计凭证为依据，对全部经济业务进行全面、系统、连续、分类地记录和核算的簿籍，它由专门格式的账页组成，且账页之间以一定形式联结在一起。

人力资源工作者要了解，设置和登记会计账簿是重要的会计核算基础工作，是连接会计凭证和会计报表的中间环节，可加强公司的经济管理力度。而在学习如何登记会计账簿之前，先要认识会计账簿的类型，如图 1-4 所示。

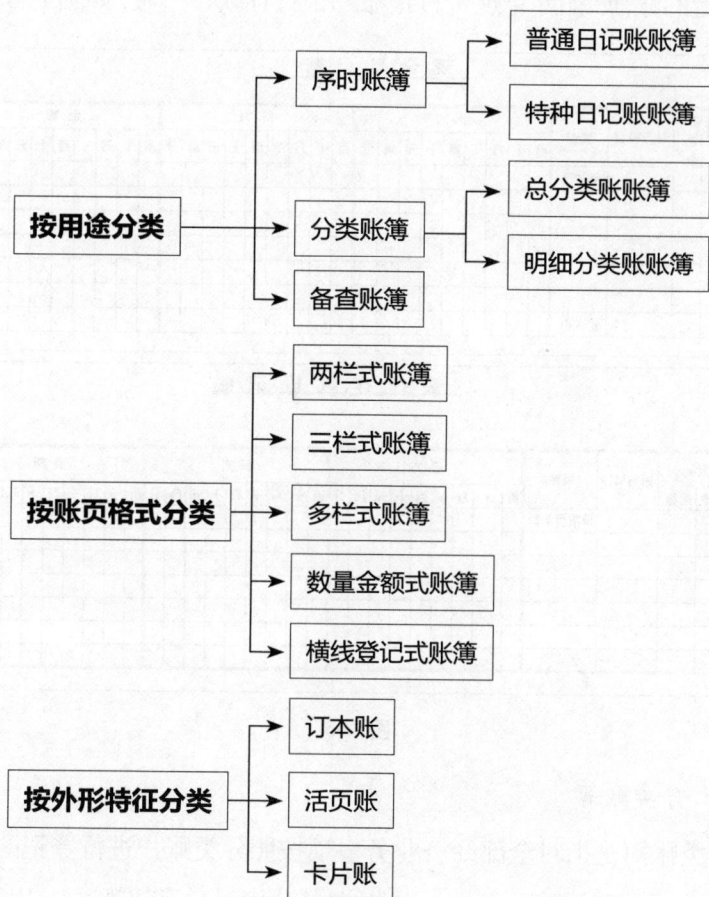

图 1-4

下面就来看看这些类别的账簿分别是什么样的格式。

◆ 序时账簿

序时账簿又称日记账，它是按照经济业务发生或完成时间的先后顺序逐日逐笔进行登记的账簿。其中，普通日记账账簿是指将公司每天发生的所有经济业务，不论其性质如何，按先后顺序编成会计分录记入账簿；特种日记账是指将公司发生的经济业务按其特点和性质等单独设置的账簿，如库存现金日记账和银行存款日记账，如图1-5所示。

现 金 日 记 账

月	日	凭证		对方科目	摘要	借方									贷方									余额									核对
		种类	号数			百	十	万	千	百	十	元	角	分	百	十	万	千	百	十	元	角	分	百	十	万	千	百	十	元	角	分	
					承前页																												
					过次页																												

银 行 存 款 日 记 账

开户行
账 号

月	日	凭证		对方科目	摘要	借方									贷方									余额									核对
		种类	号数			百	十	万	千	百	十	元	角	分	百	十	万	千	百	十	元	角	分	百	十	万	千	百	十	元	角	分	
					承前页余额																												
					过次页																												

图 1-5

◆ 分类账簿

分类账簿是指对全部经济业务事项按照分类账户进行登记的账簿。其中，总分类账簿简称总账，是根据总分类科目开设账户，用于登记全部经济业务，进行总分类核算；明细分类账简称明细账，是根据明细分类科目开设账户，用于登记某一类经济业务，进行明细分类核算。

如图 1-6 所示的是总账账簿的账页格式。

总　账

会计科目及编号名称：_____

年		记账凭证号数	摘要	页数	借方										贷方										借或贷	余额								
月	日				百	十	万	千	百	十	元	角	分	百	十	万	千	百	十	元	角	分			百	十	万	千	百	十	元	角	分

图 1-6

◆　备查账簿

备查账簿又称辅助账簿，是对某些在序时账簿和分类账簿等主要账簿中不予登记或登记不够详细的经济业务事项进行补充登记的账簿。该账簿的设置应视实际需要而定，并非一定要设置，而且没有固定格式，如租入固定资产登记簿、代销商品登记簿等。

◆　两栏式账簿

两栏式账簿的账页中只有借方和贷方，普通日记账账簿的账页格式通常为此种，如图 1-7 所示。

_____明细账

年		记账凭证号数	摘要	页数	借方									贷方									过账
月	日				百	十	万	千	百	十	元	角	分	百	十	万	千	百	十	元	角	分	

图 1-7

◆　三栏式账簿

三栏式账簿的账页中有借方、贷方和余额 3 个基本栏目，适用于只进行金额核算的资本、债权、债务等明细账，如"应收账款"、"应付账款"和"实收资本"等账户的明细分类核算，如图1-8所示。

年		记账凭证号数	摘要	页数	借　方								贷　方								借或贷	余　额							
月	日				百	十	万	千	百	十	元	角	分	百	十	万	千	百	十	元	角	分		百	十	万	千	百	十	元	角	分

（明细账）

图 1-8

◆ 多栏式账簿

多栏式账簿的账页中的两个基本栏目借方和贷方按照需要分设若干个专栏，适用于收入、成本、费用、利润和利润分配等账户的明细账，如"生产成本"、"管理费用"、"营业外收入"和"本年利润"等账户的明细分类核算，如图1-9所示。

（明细账）

年		记账凭证号数	摘要	合计						进项税额						已交税额						合计						销项税额						进项税额转出						借或贷	余额					
月	日			千	百	十	元	角	分	千	百	十	元	角	分	千	百	十	元	角	分	千	百	十	元	角	分	千	百	十	元	角	分	千	百	十	元	角	分		千	百	十	元	角	分

图 1-9

◆ 数量金额式账簿

数量金额式账簿的账页中有借方、贷方和余额这3个基本栏目，每个栏目中又分设数量、单价和金额这3个小栏的账簿，目的是反映财产物资的实物数量和价值量，如"原材料"、"库存商品"和"固定资产"等账户的明细分类核算，如图 1-10 所示。

					明细账															

图 1-10

◆ 横线登记式账簿

横线登记式账簿的同一张账页的同一行记录某一项经济业务从发生到结束的相关内容，如图 1-11 所示。

图 1-11

◆ 订本账

订本账即订本式账簿，是指在启用前将编有顺序页码的一定数量的账页装订成册的账簿，一般适用于重要的和具有统驭性的总分类账、现金日记账和银行存款日记账。

◆ 活页账

活页账即活页式账簿，是指将一定数量的账页置于活页夹内，可根据记账内容的变化而随时增加或减少部分账页的账簿，一般适用于明细分类账的登记。

◆ 卡片账

卡片账即卡片式账簿，是指将一定数量的卡片式账页存放于专设的卡片箱中，账页可以根据需要随时增添或减少的账簿，一般适用于低值易耗品和固定资产等明细账的核算与登记。

1.2.4 学习会计账簿的登记与核对

要知道，公司财务人员为了保证账簿记录的正确性，必须根据审核无误的凭证进行登记。具体包括如表1-5所示的几个方面。

表1-5　会计账簿的登记规范

登记规范	具体要求
复核已经审核过的记账凭证	账簿登记人员要在登记账簿之前，根据岗位责任制和内部牵制要求，对审核过的记账凭证再复核一遍，若发现记账凭证有错误，可暂停登记，报告会计主管人员，由其做出修改或照登的决定。注意，在任何情况下，凡是不兼任填制记账凭证工作的记账人员都不得自行更改记账凭证
填写项目齐全，内容完整	1. 登记时，需要将账页中的日期、凭证编号、摘要和金额等项目填写齐全，摘要简明扼要，书写规范整齐，数字清晰无误； 2. 账页中的月、日应填写对应的记账凭证的日期； 3. 每张记账凭证中的业务登记完毕后，均应在账页的"过账"栏内划"√"，表示记账完毕，避免重记、漏记
各种账簿的登记要求	1. 现金日记账和银行存款日记账：一般由出纳员根据办理完毕的收款凭证、付款凭证，随时进行逐笔登记，若不能随时登记，也要保证每天登记一次，并每天结出余额； 2. 总分类账：由于各公司的账务处理程序会有不同，可根据记账凭证直接登记，也可以根据科目汇总表或其他方式登记，因此，可以3～5天登记一次；也可以根据汇总记账凭证的时间，按旬或月中、月末进行总分类账登记； 3. 明细分类账：根据业务发生情况及时登记，一般根据原始凭证或记账凭证直接登记

续表

登记规范	具体要求
书写要求	1. 为了保证账簿记录的持久性，防止涂改，记账时必须使用蓝黑墨水或碳素墨水，不得使用圆珠笔或铅笔书写； 2. 除了结账、改错、冲账和登记减少数等可以使用红笔登记外，其余账簿记录都不得使用红色墨水； 3. 在书写文字和数字时，不要写满格，一般占格距的 1/2，这样方便以后发现错误时在文字或数字的上方进行更正
连续登记	1. 记账时，必须按账户页次逐页逐行登记，不得跳页、隔行。若无意间发生隔行、跳页的情况，应在空页、空行处用红色墨水画对角线以示注销，同时加盖"此页空白"或"此行空白"的戳记，由记账人员签字盖章； 2. 每张账页记录完毕并结转下页时，应结出本页合计数和余额，并在本页最后一行的摘要栏注明"过次页"字样，在下页第一行的摘要栏注明"承前页"字样，并将上页的发生额和余额过入次页，以此表现账目的连续性；或是上页最后一行不结计发生额合计与余额，而直接在次页第一行写出发生额合计数和余额
余额结计的相关要求	凡是需要结出余额的账户，结出余额后，应在"借或贷"栏内写明"借"、"贷"字样，表明该账户的余额方向，并在"余额"栏内写清余额数；没有余额的账户，应在"借或贷"栏内写"平"字，并在"余额"栏内的"元"位置用"0"表示
定期打印	对于实行会计电算化的公司，为了便于审计和加强会计信息的安全性与完整性，财政部提出了打印要求： 1. 总账和明细账应定期打印； 2. 发生收款和付款业务的，在输入收款凭证和付款凭证的当天，必须打印现金日记账和银行存款日记账，并与库存现金核对无误

作为一名人力资源工作者，还要知道账簿登记完毕后是需要核对的，即对账工作。财会人员为了保证账簿记录正确可靠，会对账簿中的有关数据进行检查和核对，主要分为三大方向。

◆ 账证核对

财会人员月末时对账簿记录和会计凭证进行核对，及时发现错误之处并进行更正，保证账证相符，它是账账相符与账实相符的基础。

如图 1-12 所示的是账证核对的具体工作手法。

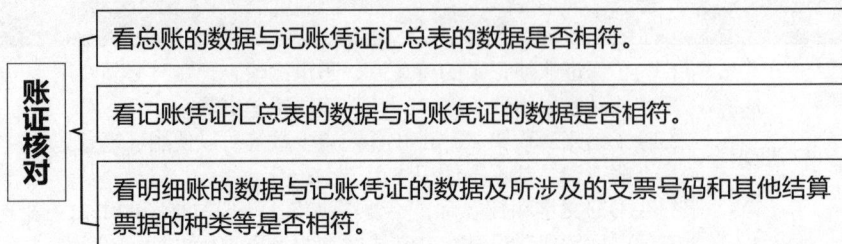

账证核对	看总账的数据与记账凭证汇总表的数据是否相符。
	看记账凭证汇总表的数据与记账凭证的数据是否相符。
	看明细账的数据与记账凭证的数据及所涉及的支票号码和其他结算票据的种类等是否相符。

图 1-12

◆ 账账核对

财会人员月末时对本公司各种账簿以及公司与其他单位的往来账项进行核对，保证账账相符。如图 1-13 所示的是账账核对的工作手法。

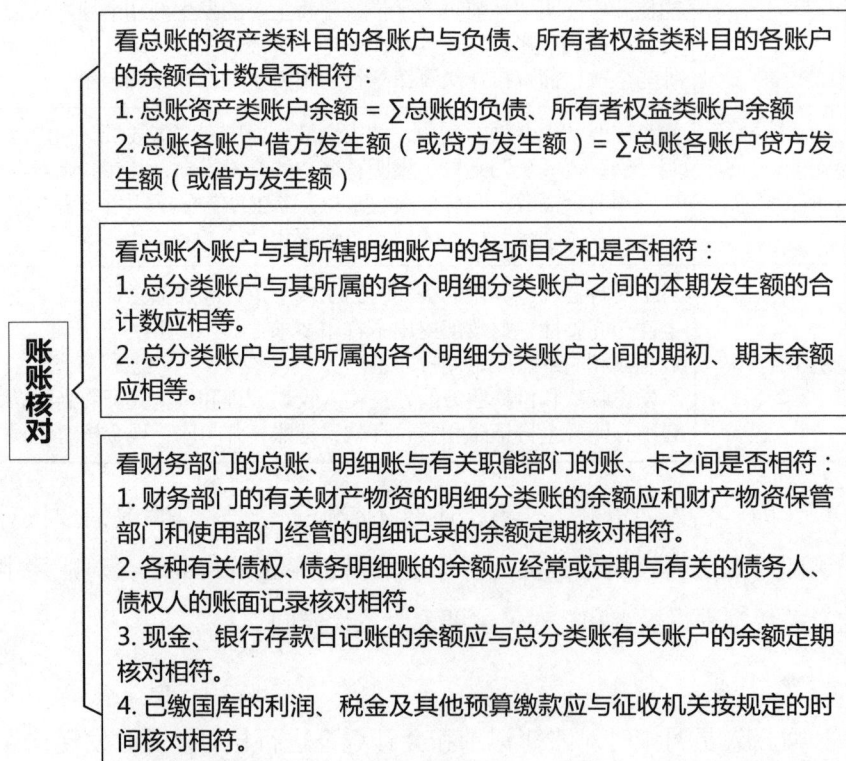

账账核对	看总账的资产类科目的各账户与负债、所有者权益类科目的各账户的余额合计数是否相符： 1. 总账资产类账户余额 = ∑总账的负债、所有者权益类账户余额 2. 总账各账户借方发生额（或贷方发生额）= ∑总账各账户贷方发生额（或借方发生额）
	看总账个账户与其所辖明细账户的各项目之和是否相符： 1. 总分类账户与其所属的各个明细分类账户之间的本期发生额的合计数应相等。 2. 总分类账户与其所属的各个明细分类账户之间的期初、期末余额应相等。
	看财务部门的总账、明细账与有关职能部门的账、卡之间是否相符： 1. 财务部门的有关财产物资的明细分类账的余额应和财产物资保管部门和使用部门经管的明细记录的余额定期核对相符。 2. 各种有关债权、债务明细账的余额应经常或定期与有关的债务人、债权人的账面记录核对相符。 3. 现金、银行存款日记账的余额应与总分类账有关账户的余额定期核对相符。 4. 已缴国库的利润、税金及其他预算缴款应与征收机关按规定的时间核对相符。

图 1-13

◆ 账实核对

月末时，财会人员还要对各种财产物资的账面余额与实际数额进行核对，保证账实相符。如图 1-14 所示的是账实核对的工作手法。

核对现金日记账的账面余额与现金实际库存数额，填写库存现金核对情况报告单。发生长、短款时，应立即列作"待处理财产损溢"，待查明原因并经批准后再处理，一般由公司会计主管检查此项工作

对库存现金进行清查核对，且出纳人员必须在场。不允许以借条、收据等充抵现金，要查明库存现金是否超过限额，是否存在坐支问题

核对银行存款日记账的账面余额与开户银行对账单，财会人员每收到一张银行对账单，就应在 3 日内核对完毕，且每月编制一次银行存款余额调节表，会计主管每月至少检查一次，并编写书面检查意见

核对有价证券账户的余额与公司实存有价证券数额，每半年至少核对一次

核对商品、产品和原材料等明细账的账面余额与其对应的库存数，年终要进行一次全面的清查

出租、租入、出借、借入财产等账簿（除了合同期满应进行清理结算外）要与实际库存数进行核对，至少每半年核对一次

账实核对

图 1-14

1.2.5 了解会计账簿的使用规则

会计账簿的使用规则包括借阅、更换与保管等方面，按照使用规则办事，人力资源部和公司其他部门也可借阅公司的会计账簿。

（1）会计账簿的借阅规则

会计账簿未经领导、会计负责人或有关人员批准，非经管人员不

能随意翻阅；会计账簿除了需要与外单位进行账目核对外，一般不能携带外出；需要携带外出的账簿，一般应由经管人员或会计主管指定专人负责；会计账簿不能随意交与其他人员管理。

（2）会计账簿的更换规则

会计账簿的更换通常在新的会计年度建账时进行，其中，总账、现金日记账、银行存款日记账和大多数明细账等账簿应每年更换一次，备查账簿可以连续使用。

但是，有些财产物资明细账和债权债务明细账，由于材料品种、规格和往来单位较多，更换新账重抄一遍的工作量较大，所以可以跨年度使用，不必每年更换一次，第二年使用时，接着上年终了的结账数据之后进行记账。另外，固定资产明细账在一年内的变化一般不大，所以账簿也可以连续使用。

（3）会计账簿的归档保管规则

各种账簿要分工明确，指定专人管理。账簿经管人员既要负责记账、对账和结账等工作，又要负责保证账簿安全。年度终了更换并启用新账后，财会人员会对更换下来的旧账进行整理装订，造册归档，具体工作内容如下。

◆ **归档前整理旧账**：检查和补齐应办的手续，如改错盖章、注销空行和空页以及结转余额等。活页账应撤出未使用的空白账页，再装订成册，并注明各账页号数。

◆ **装订旧账簿**：活页账一般按账户分类装订成册，一个账户装订成一册或数册；某些账户账页较少，可以合并装订成一册。装订时，要检查账簿扉页的内容是否填写齐全。

◆ **装订后的工作**：装订后，账簿应由经办人员、装订人员和会计主管人员在封口处签字或盖章。旧账装订完毕后应编制目录和编写移交清单，然后按期移交档案部门保管。

各种账簿与会计凭证和会计报表一样，都是公司重要的经济档案，必须按照制度统一规定的保存年限妥善保管，不得丢失和任意销毁。保管期满后，还要按照规定的审批程序报经批准后才能销毁。如表 1-6 所示的是包括会计账簿在内的各种会计资料的保管期限。

表 1-6　会计资料的保管期限

会计档案的内容	保管期限
会计凭证	
原始凭证	30 年
记账凭证	30 年
会计账簿	
总账	30 年
明细账	30 年
日记账	30 年
固定资产卡片	固定资产报废清理后保管 5 年
其他辅助性账簿	30 年
财务会计报告	
月度、季度、半年度财务会计报告	10 年
年度财务会计报告	永久
其他会计资料	
银行存款余额调节表	10 年
银行对账单	10 年
纳税申报表	10 年
会计档案移交清册	30 年
会计档案保管清册	永久
会计档案销毁清册	永久
会计档案鉴定意见书	永久

1.2.6 把握公司的会计政策

会计政策是公司在会计核算时所遵循的具体原则和采用的具体会计处理方法，只有在同一经济业务所允许采用的会计处理方法存在多种选择时，会计政策才具有实际意义。

也就是说，会计政策存在一个"选择"问题，公司所选的会计政策将构成公司会计制度的一个重要方面。在具体的会计准则《企业会计政策及会计政策和会计估计变更》的征求意见稿中有规定，公司选用会计政策，主要涉及如图 1-15 所示的内容。

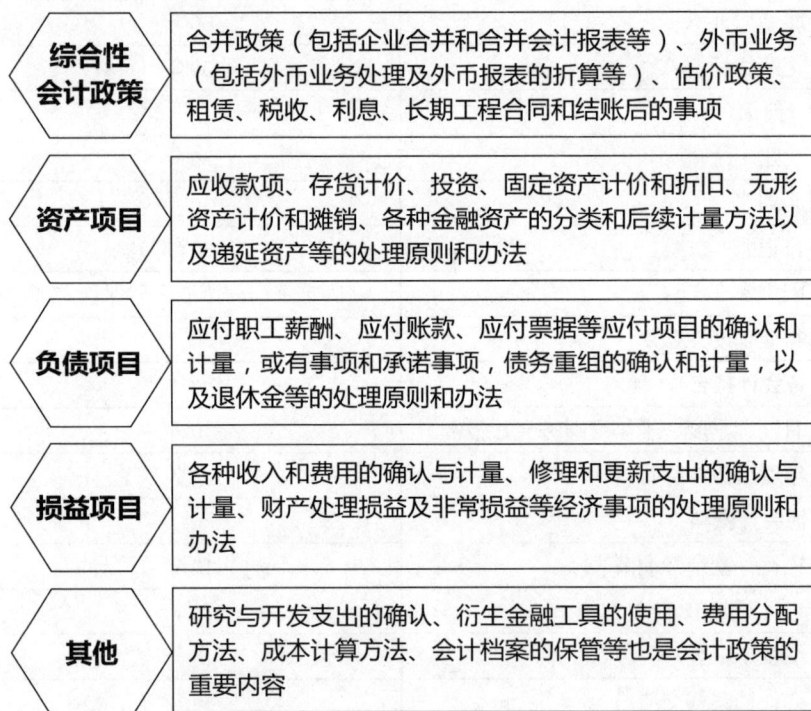

综合性会计政策	合并政策（包括企业合并和合并会计报表等）、外币业务（包括外币业务处理及外币报表的折算等）、估价政策、租赁、税收、利息、长期工程合同和结账后的事项
资产项目	应收款项、存货计价、投资、固定资产计价和折旧、无形资产计价和摊销、各种金融资产的分类和后续计量方法以及递延资产等的处理原则和办法
负债项目	应付职工薪酬、应付账款、应付票据等应付项目的确认和计量，或有事项和承诺事项，债务重组的确认和计量，以及退休金等的处理原则和办法
损益项目	各种收入和费用的确认与计量、修理和更新支出的确认与计量、财产处理损益及非常损益等经济事项的处理原则和办法
其他	研究与开发支出的确认、衍生金融工具的使用、费用分配方法、成本计算方法、会计档案的保管等也是会计政策的重要内容

图 1-15

这些会计政策内容并不是适合于任何企业，有些公司可能仅有几项会计政策与图 1-15 所示的项目有关。

《企业会计政策及会计政策和会计估计变更》的征求意见稿还规定了如下一些事项。

①公司采用的全部重大会计政策，应在会计报表附注中集中说明。

②特殊行业还应说明该行业特有业务的会计政策。

③会计政策变更也应揭示。

④会计政策的披露不得用于纠正会计报表本身的错误。

对于人力资源工作者来说，无需斟酌会计政策的每个字、每句话，只要从上述大方向内容出发进行学习，就可以大致把握住公司的会计政策。与此同时，还要留意公司的会计政策是否有变更，从而更新对公司会计政策的认知。

1.3
对财务报表有大概认识

财务报表是反映公司或预算单位一定时期内资金、利润状况的会计报表，相关的知识和工作内容更专业。对于公司的人力资源工作者而言，只需要大概认识主要的财务报表有哪些、每种财务报表的样式等。

1.3.1 反映公司资产负债情况的是资产负债表

公司最主要的财务报表有 3 张，其中之一就是资产负债表，有的也称之为财务状况表，它表示公司在一定日期（一般为各会计期末）的财务状况，即资产、负债和所有者权益的情况，因此是一张静态表。

一般公司常用的资产负债表样式为账户式，即左侧列示资产项目，右侧列示负债项目和所有者权益项目，如图 1-16 所示。

资产负债表

会企 01 表

编制单位：　　　　　　　　　　年　月　日　　　　　　　　　　单位：元

资产	期末余额	年初余额	负债和所有者权益（或股东权益）	期末余额	年初余额
流动资产：			流动负债：		
货币资金			短期借款		
交易性金融资产			交易性金融负债		
衍生金融资产			衍生金融负债		
应收票据			应付票据		
应收账款			应付账款		
应收款项融资			预收款项		
预付款项			合同负债		
其他应收款			应付职工薪酬		
存货			应交税费		
合同资产			其他应付款		
持有待售资产			持有待售负债		
一年内到期的非流动资产			一年内到期的非流动负债		
其他流动资产			其他流动负债		
流动资产合计			流动负债合计		
非流动资产：			非流动负债：		
债权投资			长期借款		
其他债权投资			应付债券		
长期应收款			其中：优先股		
长期股权投资			永续债		
其他权益工具投资			租赁负债		
其他非流动金融资产			长期应付款		
投资性房地产			预计负债		
固定资产			递延收益		
在建工程			递延所得税负债		
生产性生物资产			其他非流动负债		
油气资产			非流动负债合计		
使用权资产			负债合计		
无形资产			所有者权益（或股东权益）：		
开发支出			实收资本（或股本）		
商誉			其他权益工具		
长期待摊费用			其中：优先股		
递延所得税资产			永续债		
其他非流动资产			资本公积		
非流动资产合计			减：库存股		
			其他综合收益		
			专项储备		
			盈余公积		
			未分配利润		
			所有者权益（或股东权益）合计		
资产总计			负债和所有者权益（或股东权益）总计		

单位负责人：　　　　　　财务主管：　　　　　　制表人：

（标注：资产项目 → ；负债项目 ← ；所有者权益项目 ← ）

图 1-16

该类型的资产负债表中，资产项目按照资产的流动性大小进行"流动快的列示在前"的顺序排列，分为流动资产和非流动资产；负债和所有者权益项目一般按求偿权先后顺序排列。

通过阅读这样的资产负债表，人力资源工作者也能快速理清公司的各项资产、负债及所有者权益。

除此之外，有些公司根据业务需要，还会编制报告式的资产负债表，而报告式又分两种样式，如图 1-17 所示。

资产负债表

编制单位： 年 月 日 单位：元

资产	
流动资产	×××
长期投资	×××
固定资产	×××
无形资产	×××
……	
其他资产	×××
资产合计	×××
权益	×××
负债	
流动负债	×××
长期负债	×××
……	
其他负债	×××
负债合计	×××
所有者权益	
实收资本	×××
资本公积	×××
盈余公积	×××
未分配利润	×××
所有者权益合计	×××
权益合计	×××

资产负债表

编制单位： 年 月 日 单位：元

资产	
流动资产	×××
长期投资	×××
固定资产	×××
无形资产	×××
……	
其他资产	×××
资产合计	×××
减：负债	
流动负债	×××
长期负债	×××
……	
其他负债	×××
负债合计	×××
所有者权益	
实收资本	×××
资本公积	×××
盈余公积	×××
未分配利润	×××
所有者权益合计	×××

图 1-17

1.3.2 反映公司盈利情况的是利润表

利润表也是公司三大财务报表之一，该表主要反映公司在一定会计期间的经营成果。通俗地说，利润表就是反映公司某一经营时期内的盈利情况，所以是一张动态报表。有些公司会将其称为损益表或收益表。国际上常用的利润表样式有单步式和多步式两种。

单步式利润表是将当期收入总额相加，再将所有费用总额相加，一次计算当期收益，如图 1-18 所示。其特点是所提供的信息都是原始数据，便于阅读者理解。

多步式利润表是将各种利润分多步计算，如先求营业利润，然后求利润总额，最后求得净利润，如图 1-19 所示。以这样的方式编制的利润表，便于使用人对公司经营情况和盈利能力进行比较和分析，适合专门的财务人员使用。

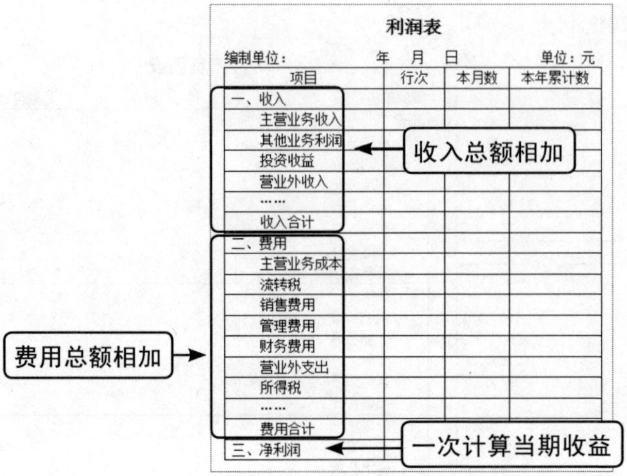

图 1-18

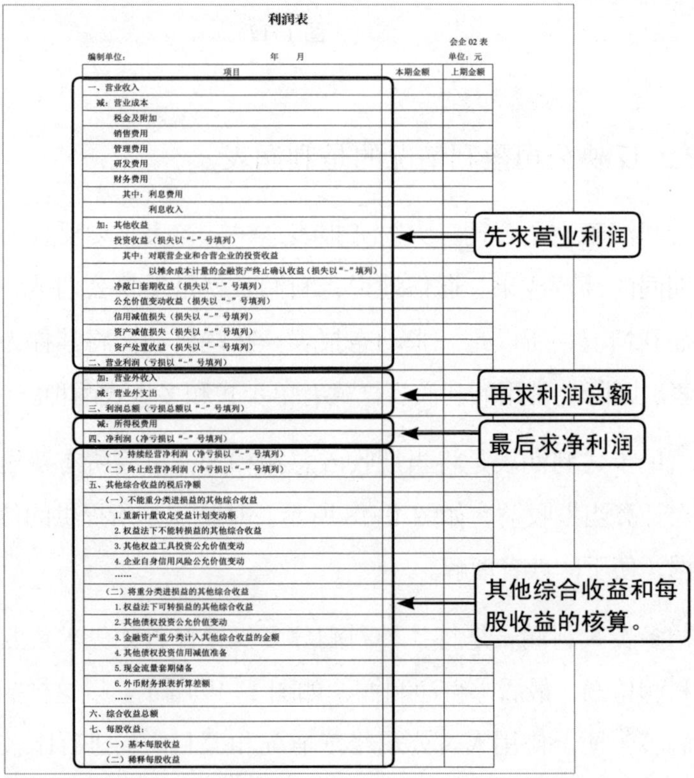

图 1-19

1.3.3 反映公司资金变动情况的是现金流量表

现金流量表也是财务三大报表之一，它反映的是公司在一个固定期间（一般是每月或每季度）内的现金（含银行存款）的增减变动情形，因此是一张动态报表。现金流量表根据现金的用途可划分为经营、投资和融资这 3 个大内容，如图 1–20 所示。

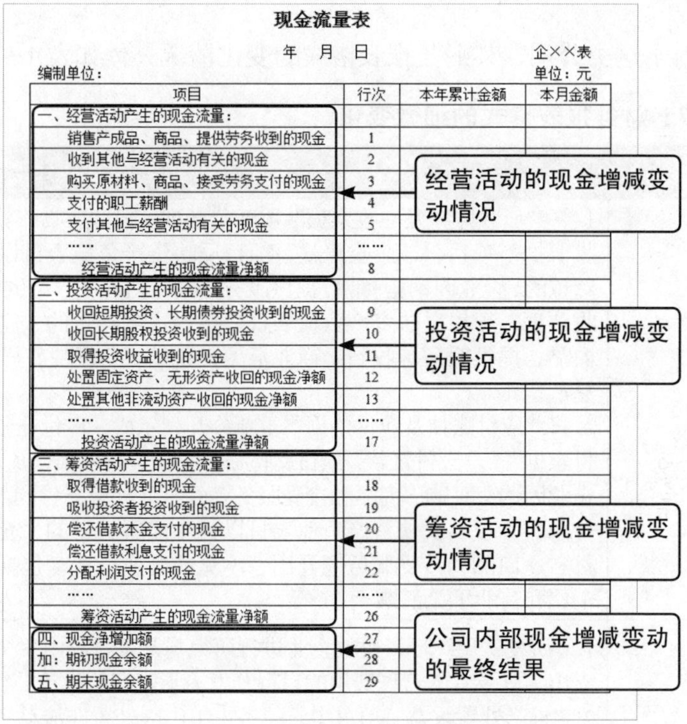

现金流量表

年 月 日 企××表

编制单位： 单位：元

项目	行次	本年累计金额	本月金额
一、经营活动产生的现金流量：			
销售产成品、商品、提供劳务收到的现金	1		
收到其他与经营活动有关的现金	2		
购买原材料、商品、接受劳务支付的现金	3		
支付的职工薪酬	4		
支付其他与经营活动有关的现金	5		
……	……		
经营活动产生的现金流量净额	8		
二、投资活动产生的现金流量：			
收回短期投资、长期债券投资收到的现金	9		
收回长期股权投资收到的现金	10		
取得投资收益收到的现金	11		
处置固定资产、无形资产收回的现金净额	12		
处置其他非流动资产收回的现金净额	13		
……	……		
投资活动产生的现金流量净额	17		
三、筹资活动产生的现金流量：			
取得借款收到的现金	18		
吸收投资者投资收到的现金	19		
偿还借款本金支付的现金	20		
偿还借款利息支付的现金	21		
分配利润支付的现金	22		
……	……		
筹资活动产生的现金流量净额	26		
四、现金净增加额	27		
加：期初现金余额	28		
五、期末现金余额	29		

图 1–20

人力资源工作者可利用现金流量表分析公司在短期内有没有足够的现金去应付开销，因为它反映的是公司的短期生存能力。

在阅读现金流量表时要注意，该表中列举的项目都是描述性短句，而不是会计科目，这是与资产负债表和利润表的明显区别。

1.3.4 新政策实施后财务报表格式有变

2019 年 5 月 10 日，中华人民共和国财政部发布了《关于修订印发 2019 年度一般企业财务报表格式的通知》，在报表项目上做了细微的调整。而关于这两类报表，具体情况如下。

（1）适用于尚未执行新金融准则和新收入准则的企业

对于这类公司，其财务报表格式的变化情况具体如表 1-7 所示。

表 1-7　财务报表格式的细微变化

变化部分	具体变动情况
资产负债表	1. 将"应收账款及应收票据"重新分开列示成"应收账款"和"应收票据"项目，"应收账款"项目反映资产负债表日以摊余成本计量的、企业因销售商品、提供服务等经营活动应收取的款项；"应收票据"项目反映资产负债表日以摊余成本计量的、企业因销售商品、提供服务等收到的商业汇票，包括银行承兑汇票和商业承兑汇票。 2. 将"应付账款及应付票据"重新分开列示成"应付账款"和"应付票据"，"应付账款"项目反映资产负债表日以摊余成本计量的、企业因购买采购、商品和接受服务等经营活动应支付的款项；"应付票据"项目反映资产负债表日以摊余成本计量的、企业因购买材料、商品和接受服务等开出、承兑的商业汇票，包括银行承兑汇票和商业承兑汇票
利润表	1. "研发费用"项目反映企业进行研究与开发过程中发生的费用化支出，以及计入管理费用的自行开发无形资产的摊销。 2. "资产处置收益"项目中，债务重组中因处置非流动资产（金融工具、长期股权投资和投资性房地产除外）产生的利得或损失失和非货币性资产交换中换出非流动资产（金融工具、长期股权投资和投资性房地产除外）产生的利得或损失也包括在本项目内等
所有者权益变动表	"其他权益工具持有者投入资本"项目，反映企业发行的除普通股以外分类为权益工具的金融工具的持有者投入资本的金额。该项目应该根据金融工具类科目的相关明细科目的发生额分析填列

如图 1-21 所示的是资产负债表变动后的样式（部分），人力资源

工作者可将其与原来的财务报表格式进行对比学习。

资产负债表

会企 01 表

编制单位：　　　　　　　　　　　　年　月　日　　　　　　　　　　　　单位：元

资产	期末余额	年初余额	负债和所有者权益（或股东权益）	期末余额	年初余额
流动资产：			流动负债：		
货币资金			短期借款		
以公允价值计量且其变动计入当期损益的金融资产			以公允价值计量且其变动计入当期损益的金融负债		
衍生金融资产			衍生金融负债		
应收票据			应付票据		
应收账款			应付账款		
预付款项			预收款项		
其他应收款			应付职工薪酬		
存货			应交税费		
持有待售资产			其他应付款		
一年内到期的非流动资产			持有待售负债		
其他流动资产			一年内到期的非流动负债		
流动资产合计			其他流动负债		
非流动资产：			流动负债合计		
可供出售金融资产			非流动负债：		
持有至到期投资			长期借款		
长期应收款			应付债券		
长期股权投资			其中：优先股		
投资性房地产			永续债		
固定资产			长期应付款		
在建工程			预计负债		
生产性生物资产			递延收益		
油气资产			递延所得税负债		
无形资产			其他非流动负债		
开发支出			非流动负债合计		
商誉			负债合计		
长期待摊费用			所有者权益（或股东权益）：		
递延所得税资产			实收资本（或股本）		
其他非流动资产			其他权益工具		
非流动资产合计			其中：优先股		
			永续债		
			资本公积		
			减：库存股		
			其他综合收益		
			专项储备		
			盈余公积		
			未分配利润		
			所有者权益（或股东权益）合计		
资产总计			负债和所有者权益（或股东权益）总计		

（图中标注：应收票据、应收账款处标有"分列"；应付票据、应付账款处标有"分列"）

图 1-21

　　如图 1-22 所示的是利润表变动后的样式（部分），由于公司业务范围不同，利润表中的一些项目会有差别，但大体上还是那些项目。而如果公司业务涉及变动项目，就需要按照规定进行变更。

利润表

编制单位：　　　　　　　　　　年　月　　　　　　　　　　　　会企02表

项目	本期金额	上期金额
一、营业收入		
减：营业成本		
税金及附加		
销售费用		
管理费用		
研发费用		
财务费用		
其中：利息费用		
利息收入		
加：其他收益		
投资收益（损失以"-"号填列）		
其中：对联营企业和合营企业的投资收益		
公允价值变动收益（损失以"-"号填列）		
资产减值损失（损失以"-"号填列）		
资产处置收益（损失以"-"号填列）		
二、营业利润（亏损以"-"号填列）		
加：营业外收入		
减：营业外支出		
三、利润总额（亏损总额以"-"号填列）		
减：所得税费用		
四、净利润（净亏损以"-"号填列）		
（一）持续经营净利润（净亏损以"-"号填列）		
（二）终止经营净利润（净亏损以"-"号填列）		
五、其他综合收益的税后净额		
（一）不能重分类损益的其他综合收益		
1.重新计量设定受益计划变动额		
2.权益法下不能转损益的其他综合收益		
……		
（二）将重分类进损益的其他综合收益		
1.权益法下可转损益的其他综合收益		
2.可供出售金融资产公允价值变动损益		
3.持有至到期投资重分类为可供出售金融资产损益		
4.现金流量套期损益的有效部分		
5.外币财务报表折算差额		
……		
六、综合收益总额		
七、每股收益：		
（一）基本每股收益		
（二）稀释每股收益		

包括研究与开发过程中的费用化支出以及计入管理费用的自行开发无形资产的摊销。

债务重组和非货币性资产交换中关于非流动资产的处理变化。

图 1-22

"研发费用"项目应根据"管理费用"科目下的"研究费用"明细科目的发生额，以及"管理费用"科目下的"无形资产摊销"明细科目的发生额分析填列。

所有者权益变动表涉及的内容更专业，并且变动的内容较小，这里只展示其涉及项目变动的部分，如图1-23所示。

二、本年年初余额				
三、本期增减变动金额（减少以"-"号填列）				
（一）综合收益总额				
（二）所有者投入和减少资本				
1.所有者投入的普通股				
2.其他权益工具持有者投入资本 ← 核算内容有变				
3.股份支付计入所有者权益的金额				
4.其他				
（三）利润分配				

图 1-23

（2）适用于已执行新金融准则和新收入准则的企业

对于这类公司，其财务报表格式及项目含义的变化如表 1-8 所示。

表 1-8　财务报表格式的变化

变化部分	具体变动情况
资产负债表	1. "交易性金融资产"项目反映资产负债表日企业分类为以公允价值计量且其变动计入当期损益的金融资产，以及企业持有的指定为以公允价值计量且其变动计入当期损益的金融资产的期末账面价值。 2. 将"应收账款及应收票据"重新分开列示成"应收账款"和"应收票据"项目，"应收账款"项目反映资产负债表日以摊余成本计量的、企业因销售商品、提供服务等经营活动应收取的款项；"应收票据"项目反映资产负债表日以摊余成本计量的、企业因销售商品、提供服务等收到的商业汇票，包括银行承兑汇票和商业承兑汇票。 3. 将"应付账款及应付票据"重新分开列示成"应付账款"和"应付票据"，"应付账款"项目反映资产负债表日以摊余成本计量的、企业因购买采购、商品和接受服务等经营活动应支付的款项；"应付票据"项目反映资产负债表日以摊余成本计量的、企业因购买材料、商品和接受服务等开出、承兑的商业汇票，包括银行承兑汇票和商业承兑汇票。 4. 新增"应收款项融资"项目，反映资产负债表日以公允价值计量且其变动计入其他综合收益的应收票据和应收账款等。 5. 新增"使用权资产"项目，反映资产负债表日承租人企业持有的使用权资产的期末账面价值

续表

变化部分	具体变动情况
资产负债表	6. "持有待售负债"项目反映资产负债表日处置组中与划分为持有待售类别的资产直接相关的负债的期末账面价值。 7. 新增"租赁负债"项目，反映资产负债表日承租人企业尚未支付的租赁付款额的期末账面价值。 8. "长期应付款"项目，反映资产负债表日企业除长期借款和应付债券以外的其他各种长期应付款项的期末账面价值。该项目应根据"长期应付款"科目的期末余额，减去相关的"未确认融资费用"科目的期末余额后的金额，以及"专项应付款"科目的期末余额填列。 9. "递延收益"项目中摊销期限只剩一年或不足一年的，或预计在一年内（含一年）进行摊销的部分，不得归类为流动负债，仍在该项目中填列，不转入"一年内到期的非流动负债"项目。 10. 其他与《企业会计准则第 14 号——收入》相关的变动
利润表	1. "研发费用"项目反映企业进行研究与开发过程中发生的费用化支出，以及计入管理费用的自行开发无形资产的摊销。 2. "财务费用"项目下的"利息费用"项目反映企业为筹集生产经营所需资金等而发生的应予费用化的利息支出。 3. "财务费用"项目下的"利息收入"项目，反映企业按照相关会计准则确认的应冲减财务费用的利息收入。该项目应根据"财务费用"科目的相关明细科目的发生额分析填列。该项目作为"财务费用"项目的其中项，以正数填列等
现金流量表	企业实际收到的政府补助，无论是与资产相关还是与收益相关，均在"收到其他与经营活动有关的现金"项目填列
所有者权益变动表	"其他权益工具持有者投入资本"项目，反映企业发行的除普通股以外分类为权益工具的金融工具的持有者投入资本的金额。该项目应该根据金融工具类科目的相关明细科目的发生额分析填列

　　如图 1-24 所示的是资产负债表变动后的样式，人力资源工作者可将其与原来的财务报表格式进行对比学习。

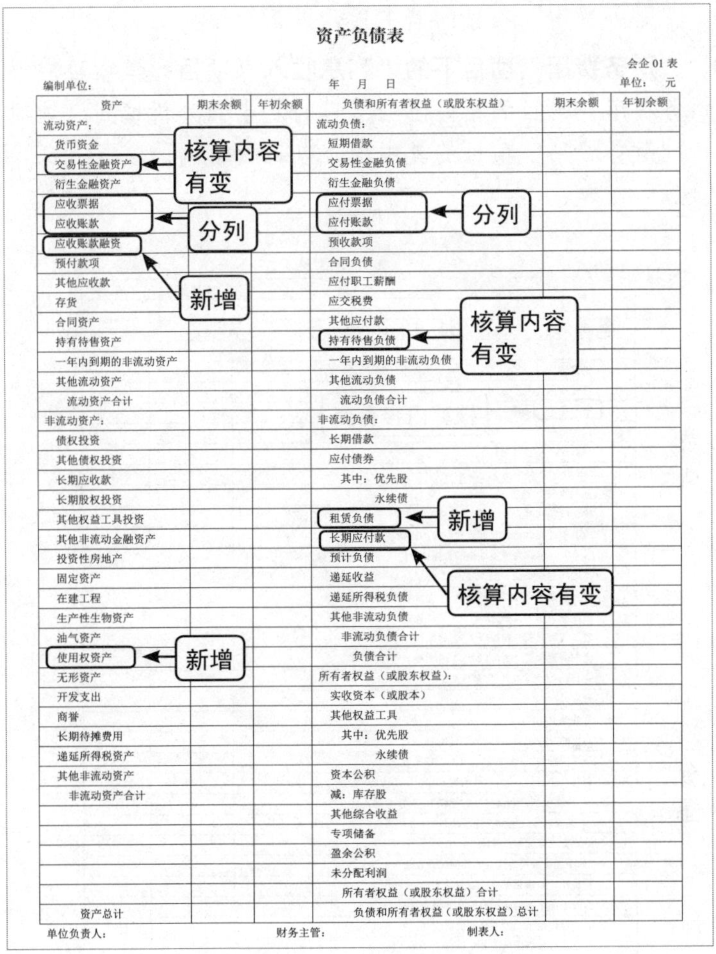

图 1-24

如图 1-25 所示的是利润表变动后的样式（部分），不同的公司会有细微差别。其中，某些项目变动后的说明如下。

◆ **"研发费用"项目**：该项目应根据"管理费用"科目下的"研究费用"明细科目的发生额，以及"管理费用"科目下的"无形资产摊销"明细科目的发生额分析填列。

◆ **"财务费用"项目下的"利息费用"项目**：该项目应根据"财务费用"科目的相关明细科目的发生额分析填列。该项目作为

"财务费用"项目的其中项,以正数填列。

◆ **"财务费用"项目下的"利息收入"项目**:该项目应根据"财务费用"科目的相关明细科目的发生额分析填列。该项目作为"财务费用"项目的其中项,以正数填列。

利润表

会企02表

编制单位: 　　　　　　　年　月　　　　　　　　　单位:元

项目	本期金额	上期金额
一、营业收入		
减:营业成本		
税金及附加		
销售费用		
管理费用		
研发费用　←核算内容有变		
财务费用		
其中:利息费用		
利息收入		
加:其他收益		
投资收益(损失以"-"号填列)		
其中:对联营企业和合营企业的投资收益		
以摊余成本计量的金融资产终止确认收益(损失以"-"填列)		
净敞口套期收益(损失以"-"号填列)		
公允价值变动收益(损失以"-"号填列)		
信用减值损失(损失以"-"号填列)		
资产减值损失(损失以"-"号填列)		
资产处置收益(损失以"-"号填列)		
二、营业利润(亏损以"-"号填列)		
加:营业外收入		
减:营业外支出		
三、利润总额(亏损总额以"-"号填列)		
减:所得税费用		
四、净利润(净亏损以"-"号填列)		
(一)持续经营净利润(净亏损以"-"号填列)		
(二)终止经营净利润(净亏损以"-"号填列)		
五、其他综合收益的税后净额		
(一)不能重分类进损益的其他综合收益		
1.重新计量设定受益计划变动额		
2.权益法下不能转损益的其他综合收益		
3.其他权益工具投资公允价值变动		
4.企业自身信用风险公允价值变动		
……		
(二)将重分类进损益的其他综合收益		
1.权益法下可转损益的其他综合收益		
2.其他债权投资公允价值变动		
3.金融资产重分类入其他综合收益的金额		
4.其他债权投资信用减值准备		
5.现金流量套期储备		
6.外币财务报表折算差额		
……		
六、综合收益总额		
七、每股收益:		
(一)基本每股收益		
(二)稀释每股收益		

图 1-25

1.4
掌握与公司财务有关的经济事项

除了对财务工作的基本点和财务报表等有初步认识外，人力资源还需了解与公司有关的一些全局性常识，如公司的资金运动情况，与公司有业务往来的单位以及财务的分析方法等。

1.4.1 知道公司的资金运行情况

资金运动指资金的形态变化或位移，与会计的关系很紧密，被认为是会计的对象。资金运动情况体现了公司资金在经营过程的不同阶段的循环和周转。因此，人力资源知道公司的资金运动情况，可从大局了解公司的运营状况。如图 1-26 所示的是资金运动的流向。

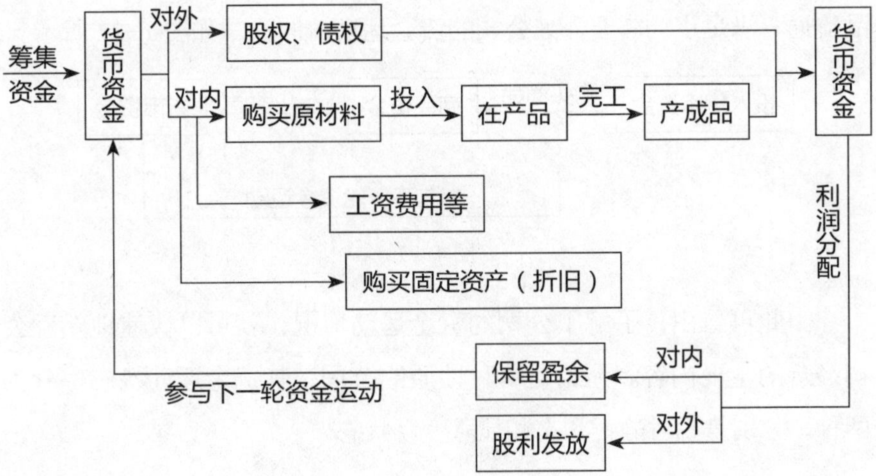

图 1-26

一般的生产性企业，其资金运动过程包括五大环节，如表1-9所示。

表1-9　生产性企业的资金运动五大环节

环节	说明
资金筹集	公司从各种渠道筹集资金，是资金运动的起点
资金投入	公司把筹集到的资金用于生产经营或投资，主要是购买、建造和投资的过程，形成各种生产资料，如购买固定资产、原材料和燃料等，进行短期投资或长期投资
资金耗费	在生产经营或投资过程中发生的一些必要的开支
资金收益	公司在销售过程中，将生产出的产品售给有关单位，并按照产品的价格取得销售收入
资金分配	公司获取销售收入后，首先要弥补生产耗费和以前年度的亏损；然后得到利润总额；再根据国家的相关税法规定缴纳所得税得到税后利润；接着按规定提取公积金和其他法定的应提取项目，分别用于扩大公司积累、弥补亏损和职工集体福利设施；最后将剩余的利润作为投资收益分配给投资者

与生产性企业不同的商品流通企业，主要通过购销活动，组织商品流通，满足市场需要，其公司的资金运动流向通常如图1-27所示。

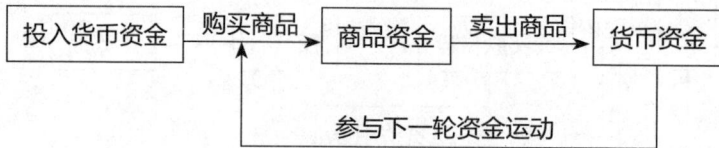

图1-27

由此可看出，了解了公司的资金运动情况，就可以快速地熟悉公司经营的主要内容。无论是哪种性质的公司，其资金运动状态都分为两种，分别是相对静止状态和显著变动状态。

资金运动的相对静止状态。它是指公司总体在一定时点的资金来源与资金运用的具体状况。在资产负债表上，资金来源表现为负债和所有者权益方面，如流动负债、长期负债和投入资本等；而资金运用表现为资产，即流动资产、长期资产等。

资金运动的显著变动状态。它是指公司发生各项经济业务所引起的资金形态的质的变化，比如从货币资金变成商品、生产设备等，又从商品、生产设备等变成货币资金。

1.4.2 清楚谁与公司有财务关联

一般来说，公司经营过程中少不了供应商和客户，他们与公司的采购和销售活动密切相关，而采购和销售都会涉及公司的资金运动和对应的财务工作。因此，供应商和客户与公司财务是有关联的。

供应商和客户与公司之间经常会有应收、应付款项及预收、预付款项的联系，如果管理不当，会对公司的财务有影响，比如信誉受损、坏账增多等。

作为公司的一员，人力资源工作者也应该了解哪些是与公司合作的供应商，大客户有哪些，以及哪些客户经常拖欠公司的货款等，这样在日后产生合作问题时就能为公司提供有效的佐证。下面具体来看看供应商和客户与公司的财务关联。

◆ 供应商与公司的财务联系

供应商是向公司及公司的竞争对手供应各种所需资源的企业或个人，其原材料的价格发生变化，或者生产效率低使供货不及时等，都会影响公司的采购成本和生产成本。

一般来说，公司不会立即向供应商支付原材料货款，此时财务处理上就会对应这笔应付的款项产生"应付账款——×公司"会计科目；如果公司开出的是票据，则会产生"应付票据"会计科目。有时，公司资金周转不灵，会预先支付给供应商定金，此时财务处理上就会对应这部分定金产生"预付账款——×公司"会计科目。

◆ 客户与公司的财务联系

客户是向公司购买商品或服务的企业或个人，公司在向客户销售产品或服务时，要收取相应的货款。

如果客户不立即付款，公司财务人员会将对应的货款计入"应收账款"会计科目，若客户开出了商业票据，公司要将该笔货款确认为"应收票据"会计科目。如果客户向公司支付了部分货款作为定金，则财务处理会涉及"预收账款"会计科目。

◆ 其他与公司有财务联系的组织

公司的开户行、地方税务机构等也与公司有财务上的联系。开户行与公司之间主要是与银行存款有关的联系，当公司的库存现金达到上限时，要将超过上限的部分存入开户行账户，涉及"库存现金"和"银行存款"会计科目；当公司要支付员工工资、采购款和进行其他转账业务时，也会涉及"银行存款"会计科目。

而当地税务机构与公司之间主要是在与税金有关的事务方面有联系，当公司向税务机关缴纳税费时，会涉及"应交税费"和"预缴税费"等会计科目。

1.4.3 人力资源管理者要了解财务分析方法

作为人力资源的管理者，不仅要了解财务的基本知识，还要学习一些更深入的财务内容，如财务分析方法。常用的财务分析方法有如

图 1-28 所示的 4 种。

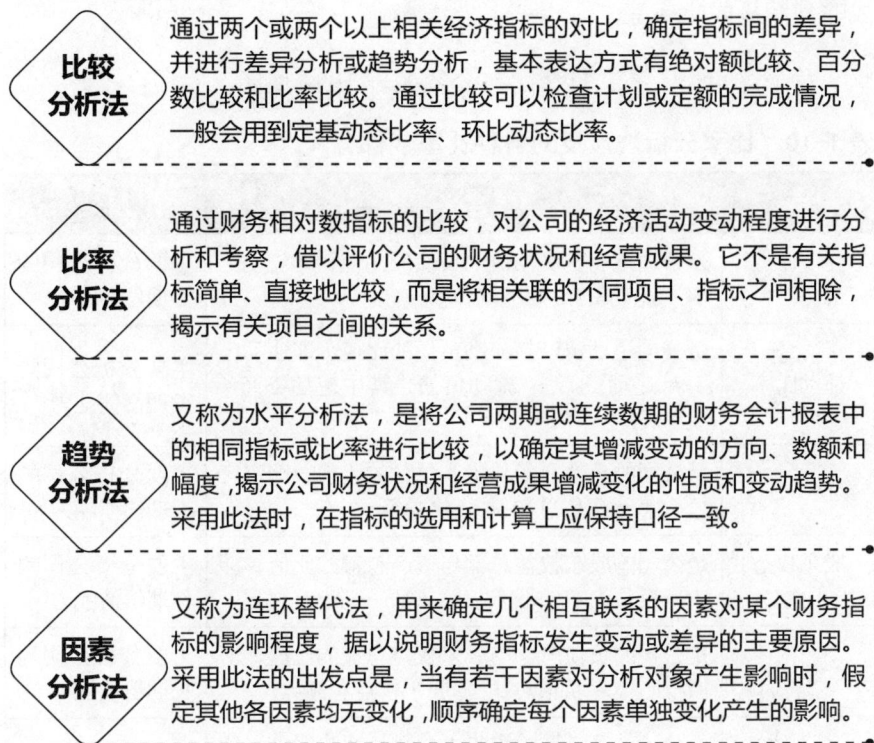

比较分析法	通过两个或两个以上相关经济指标的对比，确定指标间的差异，并进行差异分析或趋势分析，基本表达方式有绝对额比较、百分数比较和比率比较。通过比较可以检查计划或定额的完成情况，一般会用到定基动态比率、环比动态比率。
比率分析法	通过财务相对数指标的比较，对公司的经济活动变动程度进行分析和考察，借以评价公司的财务状况和经营成果。它不是有关指标简单、直接地比较，而是将相关联的不同项目、指标之间相除，揭示有关项目之间的关系。
趋势分析法	又称为水平分析法，是将公司两期或连续数期的财务会计报表中的相同指标或比率进行比较，以确定其增减变动的方向、数额和幅度，揭示公司财务状况和经营成果增减变化的性质和变动趋势。采用此法时，在指标的选用和计算上应保持口径一致。
因素分析法	又称为连环替代法，用来确定几个相互联系的因素对某个财务指标的影响程度，据以说明财务指标发生变动或差异的主要原因。采用此法的出发点是，当有若干因素对分析对象产生影响时，假定其他各因素均无变化，顺序确定每个因素单独变化产生的影响。

图 1-28

而在财务分析工作中，主要内容就是分析财务报表。在分析财务报表时，常用的分析方法是比率分析法，其中又包括相关比率和构成比率。

相关比率。指两个相互联系的不同性质的指标相除所得的比率。常用的比率有存货周转率、流动资产周转率、净资产收益率、资产利润率、流动比率和速动比率等。

构成比率。指某项财务分析指标的各组成部分的数值占总体数值的百分比，常用的比率有流动资产、固定资产和无形资产占总资产的百分比构成的公司资产构成比率，长期负债与流动负债占全部债务的比率，营业利润、投资收益和营业外收支净额占利润总额的百分比构成的利润构成比率等。

对于这两类比率，具体比率介绍如表 1-10 所示。

表 1-10　比率分析法涉及的各种比率（部分）

比率	含义	用处
流动比率	是公司流动资产与流动负债的比值，即流动比率＝流动资产÷流动负债	主要分析公司的短期偿债能力
速动比率	是公司速动资产与流动负债的比值，即速动比率＝速动资产÷流动负债，其中速动资产＝流动资产－存货	主要分析公司的短期偿债能力
资产负债率	是公司的负债总额与资产总额的比值，即资产负债率＝负债总额÷资产总额	主要分析公司的长期偿债能力
股东权益比率	是公司的股东权益总额与资产总额的比值，即股东权益比率＝股东权益总额÷资产总额	主要分析公司的长期偿债能力
产权比率	是公司的负债总额与股东权益总额的比值，即产权比率＝负债总额÷股东权益总额	主要分析公司的长期偿债能力
应收账款周转率	是公司一定时期赊销收入净额与应收账款平均余额的比值，即应收账款周转率＝赊销收入净额÷应收账款平均余额	主要分析公司的营运能力
存货周转率	是公司一定时期的销售成本与存货平均余额的比值，即存货周转率＝销售成本÷存货平均余额	主要分析公司的营运能力
流动资产周转率	是公司一定时期的销售收入与流动资产平均余额的比值，即流动资产周转率＝销售收入÷流动资产平均余额	主要分析公司的营运能力
资产利润率	是公司一定时期的税前利润总额与资产平均总额的比值，即资产利润率＝税前利润总额÷资产平均总额	主要分析公司的盈利能力
销售增长率	是公司当年营业收入增长额与上年营业收入总额的比值，即销售增长率＝当年营业收入增长额÷上年营业收入总额	主要分析公司的发展能力

凭证
账簿 +
报表
工资 +
员工岗位
社保

个人所得税
人力资源成本
年终奖
补贴 +
人力资源投资
公积金

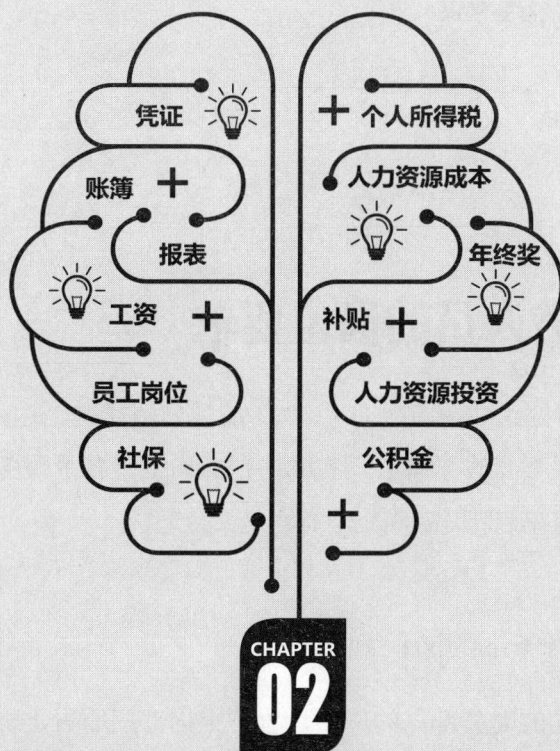

熟悉员工岗位，核算并提交员工工资

公司的人力资源不仅要负责各个岗位的员工招聘工作，还要对公司的所有员工进行薪酬管理。因此，免不了要了解财务人员的岗位要求和职责，这样有利于为公司招聘到合适的财务人员。除此之外，人力资源还要按月核算出每位员工的工资，并提交给财务部审核，让员工获得其应得的劳动报酬。

2.1 了解财务人员的岗位要求

人力资源在组织招聘活动时，为了能帮公司找到合适的财务人员，相关工作人员要认真了解公司有哪些财务岗位、各个财务岗位的职责要求等，从而在招聘时判断出应聘者是否合适。

2.1.1 了解财务部的岗位划分

每个公司的财务部门的岗位设置要根据部门职责进行划分，一些小公司可能只需要一个会计和一个出纳即可，而稍微大点的公司一般把财务部门的岗位划分为会计、资金和成本费用这 3 个方向，分别由 3 位主管负责。

会计。主要负责会计核算方面的工作。

资金。主要负责资金管理，包括融资、银行授信评级和资金预算管理等方面的管理工作。

成本费用。主要负责财务部门对成本费用的核算、监督等管理工作。

每个方向下的具体岗位要根据需要进行设置，各个公司的具体情况不一样，要求也不同，但都要符合公司自身的特点。

小公司由一人负责全部会计事务的会计称为"主办会计"，另有一名出纳。而一般中等及以上规模的公司，其财务部的岗位层级最少有 3 级，如图 2-1 所示的是某公司的财务部岗位划分情况。

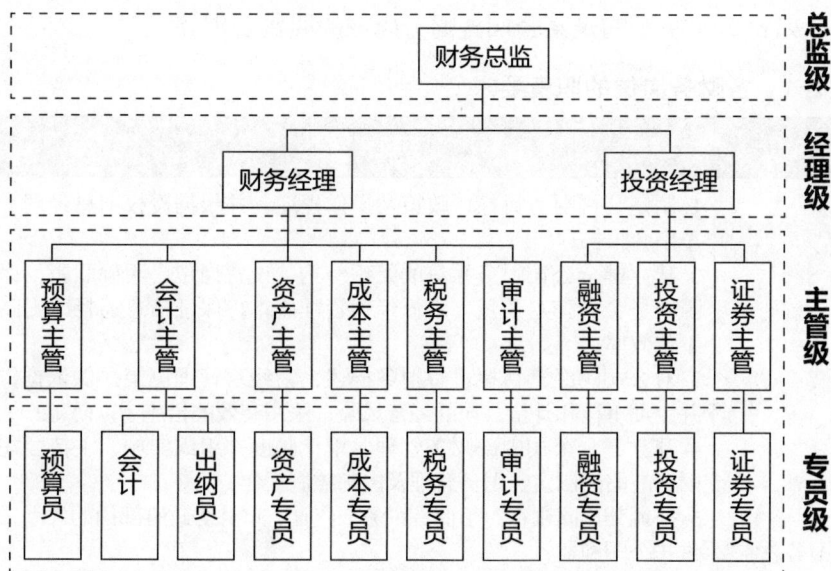

图 2-1

专员级的每个岗位的员工人数视情况而定，各个公司根据业务范围的大小，可以一人一岗、一人多岗或一岗多人。比如上图中的"会计"这一专员级岗位，可根据公司经济业务的不同进行细分，如收入、支出、债权债务核算岗，工资核算岗，成本核算岗等。

注意，一人多岗时，出纳人员不得兼管稽核、会计档案保管以及收入、费用、债权债务账目的登记工作。另外，有些公司的主管级岗位不会分得这么细致，会进行合并，简化岗位分工。

2.1.2 清楚不同岗位的财务人员的职责

要做好财务人员的招聘工作，人力资源只了解财务部岗位的划分情况还远远不够，更重要的是要清楚常见财务岗位的职责要求，这样才能更好地判断出应聘者是否适合。

如表 2-1 所示的是某公司各财务岗位的职责要求。

表 2-1　各财务岗位的职责要求

岗位	职责描述
财务总监	1. 制定公司财务目标、政策及操作程序，并根据授权向总经理、董事会报告； 2. 建立健全公司财务系统的组织结构，设置岗位，明确职责，保障财务会计信息质量，降低经营管理成本，保证信息通畅，提高工作效率； 3. 对公司的经营目标进行财务描述，为经营管理决策提供依据，并定期审核和计量公司的经营风险，采用有效的措施予以防范； 4. 建立健全公司内部财务管理、审计制度并组织实施，主持公司财务战略的制定、财务管理及内部控制工作； 5. 协调公司同银行、工商、税务、统计、审计等政府部门的关系，维护公司利益； 6. 审核财务报表，提交财务分析和管理工作报告；参与投资项目的分析、论证和决策；跟踪分析各种财务指标，揭示潜在的经营问题并提供管理当局决策参考； 7. 确保公司财务体系的高效运转；组织并具体推动公司年度经营／预算计划程序，包括对资本的需求规划及正常运作； 8. 根据公司的实际经营状况，制定有效的融资策略及计划；利用各种财务手段，确保公司最优资本结构； 9. 依法审定公司的财会人员、审计机构人员的人事任免、晋升、调动、奖励、处罚等工作； 10. 完成董事会、总经理交办的其他临时工作
财务经理	1. 全面负责财务部的日常管理工作； 2. 组织制定财务方面的管理制度及有关规定，并监督执行； 3. 制定、维护、改进公司财务管理程序和政策，制定年度和季度财务计划； 4. 负责编制及组织实施财务预算报告，月、季、年度财务报告； 5. 负责公司全面的资金调配，成本核算、会计核算和分析工作； 6. 负责资金、资产的管理工作； 7. 监控可能会对公司造成经济损失的重大经济活动； 8. 管理与银行及其他机构的关系； 9. 协助财务总监开展财务部与内外的沟通和协调工作； 10. 完成上级交办的其他日常事务性工作

续表

岗位	职责描述
会计主管	1. 具体领导公司的财务管理工作，对各项财务会计工作做好定期研究、布置、检查、总结，积极宣传并严格遵守财经纪律和各项规章制度； 2. 组织、制定财务会计制度，督促员工贯彻执行，随时检查各项制度的执行情况，发现违反财务会计制度的，要及时制止和纠正，重大问题要及时向领导或有关部门报告，要总结经验，不断修订和完善各项财务会计制度； 3. 组织编制各期预决算，定期检查分析财务计划和预算的执行情况，挖掘公司增收节支的潜力，合理使用资金； 4. 负责向公司领导报告经费收支情况，按照会计制度和上级规定，及时报送财会报表； 5. 组织会计人员学习财会制度和业务知识，负责会计人员的考核，建立学习制度，帮助提高财会人员的业务水平
出纳	1. 办理现金收付和银行结算业务，严格按照国家有关现金管理制度规定，根据稽核人员审核签章的收付款凭证，进行复核办理款项支付，对于需要开支的重大项目，要向财会人员和公司领导申请审核批准； 2. 根据已办理完毕的收付款凭证逐笔、顺序登记现金日记账和银行存款日记账，并结出余额，定期对现金账面余额和库存现金数、银行存款账面余额和银行对账单进行核对； 3. 保管有关印章、空白收据和空白发票，严格按照规定用途使用印章，专设收据和支票登记簿，办理领用、注销手续
固定资产核算岗	1. 负责公司固定资产增加、减少核算工作，会同有关部门拟定固定资产管理实施办法； 2. 负责固定资产的明细核算，编制固定资产报表，督促有关部门或人员对购置、调入、调出和报废的固定资产办理会计手续； 3. 会同有关部门定期对固定资产进行盘点，年终时进行全面清查，发现盘盈、盘亏和毁损等情况时要查明原因、弄清责任，同时按规定的审批权限办理报批手续；发现多余、闲置及保管使用维护不当的固定资产，要及时向领导报告，提出改进意见
工资核算岗	1. 执行工资政策，贯彻按劳分配的原则，做好工资发放工作； 2. 根据实有职工人员、各种津贴和补贴标准、各种代扣代缴款及工资变动通知等，编制请示报告，经领导批准后及时填制工资表，交至工资开户行

续表

岗位	职责描述
工资核算岗	3. 计提职工福利费、工会经费和职工教育费等； 4. 向职工宣传社保的重要性和意义，按时完成社保的收缴工作
往来结算岗	1. 建立往来款项清算手续制度，如应收应付、备用金等往来款项； 2. 督促员工及时办理预借差旅费的报销手续，收回余额，防止拖欠，不准挪用，要按照规定的开支标准严格审查有关支出； 3. 按照单位和个人分别设置明细账，根据审核后的凭证逐笔、顺序登记往来账，并经常核对余额，年终时要抄列清单，并向领导或有关部门报告
总账报表岗	1. 根据规定的会计科目，设置总账账户，按照公司采用的会计核算形式及时记账，月度终了要编制总账科目余额表试算平衡，并与有关明细账核对； 2. 月度终了，根据总账和有关明细账的记录，编制资金平衡表、公司收支总表等其他财务报表； 3. 按季、年编写财务说明书，说明报告期内各项经费收支情况，重大问题要详细说明，与财务报表一并上报； 4. 负责记账凭证的编号、整理、装订和集中保管工作，年终办完决算后，将全年的会计资料收集齐全，按规定及时整理归档
稽核岗	1. 按照上级规定要求审查各项计划指标的计算是否正确，指标之间是否衔接平衡，计划是否切实可行，发现问题要提出修改意见； 2. 根据省财政每月拨入的经费，逐笔审查各项财务开支，对不符合规定的开支要提出意见，并向领导汇报； 3. 审核会计凭证是否合法，内容是否真实，手续是否完备，数字是否正确，会计科目使用是否符合规定； 4. 审核财务报表是否符合编制要求，发现问题和差错要及时通知有关人员查明原因，并更正处理

2.1.3 学会判断谁适合成为公司的财务人员

由于财务工作的事务繁杂，内容千篇一律，它不要求员工有天马行空的思维，反而更重视员工的态度是否诚实稳重。所以，人力资源在为公司招聘财务人员时，要学会判断什么样的人适合做财务工作。主要可以从如下 5 个因素进行判断。

◆ 能够沉下心做事

对于财会人员来说，大部分工作都是案头工作，每天面对一摞摞的会计凭证和数字报表，总会觉得枯燥、乏味、繁琐。因此需要能够沉下心来做事的人，这样才能保证财务核算的数据出错率低。

◆ 对数字敏感

根据相关机构的统计数据表明，目前，我国大部分企业里，大多数会计人才均是注重核算的传统型人才，他们每天要跟各类数字打交道，每月月初和月底都要忙着相关数据的统计和报表的制作，另外还要制作季度报表、半年度报表和年度报表。这些会计资料均是由众多数字构成，很显然，一个对数字感到厌烦、一看到数字就头疼的人很难胜任财务工作。因此，对数字敏感的人比较适合财务工作。

◆ 交际能力强

财会人员每天除了要处理大量的案头工作，还需要与其他单位或个人建立联系，比如，对内要跟上级领导和各个职能部门的人员建立财务核算的联系；对外要跟税务机关、银行和工商局等打交道。因此，要想胜任财会工作，帮助各职能部门完成项目预算，最终和其他部门及外部机构打好关系，需要求职者具备良好的交际、沟通能力。

◆ 学习能力强

财会工作对员工的专业知识和技术要求较高，并且随着经济的发展，公司业务范围的改变，内部财会工作也在不断更新，工作内容更加丰富。因此，在岗的财会人员需要不断学习财会知识。对于应聘财会工作的人来说，就必要有较强的学习能力和强劲的学习劲头，这样的人才能在以后的财会工作中做到游刃有余。

◆ 能够拒绝与金钱有关的诱惑

财务会计被称为公司的"账房管家",因为他们掌握着对公司发展至关重要的"现金流"。如果财会人员违背了做事原则,不顾法律,做假账,帮公司逃税、漏税或私吞公款,最后很可能走上违法犯罪的道路。因此,只有能够拒绝与金钱有关的各类诱惑的人,才能让自己远离违法犯罪的风险,在往后的财会工作中走得更远。

2.2 核算员工工资要了解的内容

对人力资源来说,除了负责招聘员工以外,还要定期核算在职员工的工资。而在核算工资之前,先要了解清楚工资的各种计算方法与核算基数。

2.2.1 了解工资的计算方法

在我国,公司员工的工资计算方法最常见的是月薪制,其次是年薪制,还有个别特殊的工作者,其工资计算方法为日薪制。

(1)月薪制

月薪制是指按职工固定的月标准工资扣除缺勤工资来计算工资的一种方法,不同的公司会设置不同的岗位月薪,而岗位月薪一般是一个区间,在这个区间内,每个岗位又分为不同等级的工资标准。

公司采用月薪制时,只要职工出满勤,不论当月有多少天数,都可以得到固定的月标准工资；如果出现缺勤，则应从月标准工资中将缺勤工资予以扣除。

一般来说，月薪制主要以计时工资的形式支付给职工以相应的劳动报酬。人力资源在计算员工工资时常用到如下计算公式。

$$应付工资 = 月标准工资 - 缺勤天数 \times 日工资$$

如果公司按小时计算缺勤时间，则上述公式可变换为：

$$应付工资 = 月标准工资 - 缺勤小时数 \times （日工资 \div 每班工作小时数）$$

在这两个计算公式中，月标准工资可以从职工工资卡片中记录的职工工资的数额取得，只要职工的标准工资不调整，该数字每个月份的金额都是相同的；缺勤天数或小时则可从考勤记录汇总取得。

职场加油站

计时工资是指根据劳动者的实际工作时间、工资等级和工资标准检验来支付劳动报酬的工资形式，其表现形式有日工资、周工资和月工资等。其特点是：直接以劳动时间计量报酬，适应性强、考核与计量容易实行，具有适应性和及时性；该工资形式也具有明显的不足，即不能直接反映劳动强度和劳动效果。

除此之外，很多公司对其生产工人采用计件工资的形式核算员工工资。它是指按照劳动者生产合格产品的数量和预先规定的计件单价来计量和支付劳动报酬的形式，比如，某公司在实行计时工资时，工人的日工资额为300元，对应每日的产量为10件，而在实行计件工资时，计件单价是按照日工资额除以日产量来确定的，即 300÷10=30（元）。计件工资具体又分为以下几种形式。

◆ **直接计件工资**：按工人完成合格产品的数量和计件单价来支付工资。

◆ **间接计件工资**：按工人所服务的计件工人的工作成绩或所服务单位的工作成绩来计算支付工资。

◆ **有限计件工资**：对实行计件工资的工人，规定其超额工资不得超过本人标准工资总额的一定百分比。

◆ **无限计件工资**：对实行计件工资的工人，超额工资不加限制。

◆ **累进计件工资**：工人完成定额的部分，按同一计件单价计算工资；超过定额的部分，按累进递增的单价计算工资。

◆ **计件奖励工资**：计件工人生产的产品数量或质量达到某一水平后就给予一定的奖励。

◆ **包工工资**：把一定质量要求的产品、预先规定完成的期限和工资额等包给个人或集体，按要求完成后立即支付工资。

（2）年薪制

年薪又称年工资收入，是指以公司会计年度为时间单位计发员工工资的一种方法。该方法主要用于公司经理、高级职员等经营管理人员的收入发放。

年薪制主要由基薪和风险收入这两部分构成，其中，基薪的确定因素包括两部分：一是公司的经济效益；二是公司（资产）经营规模、利税水平、职工人数、当地物价和企业职工的平均水平等。

而风险收入以基薪为基础，由公司的经济效益情况、生产经营的责任轻重和风险程度等因素确定。具体的发放方式根据公司的实际情况而定。在我国，年薪制有 5 种模式，如表 2-2 所示。

表 2-2　国内年薪制的 5 种模式

模式	概述
准公务员型	1. 报酬结构：基薪＋津贴＋养老金计划； 2. 报酬数量：取决于所管理公司的性质、规模以及高层管理人员的行政级别，一般基薪为职工平均的 2~4 倍，正常退休后的养老金水平为平均养老金水平的 4 倍以上

续表

模式	概述
准公务员型	3. 考核指标：政策目标是否实现，当年任务是否完成； 4. 适用对象：所有达到一定级别的高层管理人员； 5. 适用企业：承担政策目标的大型、特大型国有企业
一揽子型	1. 报酬结构：单一固定数量年薪； 2. 报酬数量：相对较高，和年度经营目标挂钩，实现经营目标后可得到事先约定好的固定数量的年薪。比如，规定某企业经营者的年薪为 15 万元，但必须实现减亏 500 万元； 3. 考核指标：十分明确具体，如减亏额、实现利润、资产利润率、上交税利和销售收入等； 4. 适用对象：具体针对经营者、总经理或兼职董事长； 5. 适用企业：面临特殊问题亟待解决的企业，如亏损国有企业
非持股多元化型	1. 报酬结构：基薪 + 津贴 + 风险收入（效益收入和奖金）+ 养老金计划； 2. 考核指标：确定基薪时要根据公司的资产规模、销售收入、职工人数等指标；确定风险收入时，要考虑净资产增长率、实现利润增长率、销售收入增长率和职工工资增长率等指标，还要参考行业平均效益水平； 3. 适用对象：一般的国有企业的经营者，如总经理或兼职董事长； 4. 适用企业：追求企业效益最大化的非股份制企业
持股多元化型	1. 报酬结构：基薪 + 津贴 + 含股权、股票期权等形式的风险收入 + 养老金计划； 2. 报酬数量：基薪取决于公司经营难度和责任，含股权、股票期权形式的风险收入取决于公司经营业绩和市场价值； 3. 考核指标：与非持股多元化型模式的考核指标相同； 4. 适用对象：与非持股多元化型模式的适用对象相同； 5. 适用企业：股份制企业，尤其是上市公司
分配权型	1. 报酬结构：基薪 + 津贴 + 以"分配权"、"分配权"期权形式体现的风险收入 + 养老金计划； 2. 报酬数量：基薪取决于公司经营难度和责任，以"分配权"、"分配权"期权形式体现的风险收入取决于公司利润率类的经营业绩； 3. 考核指标：与非持股多元化型模式的考核指标相同； 4. 适用对象：与非持股多元化型模式的适用对象相同； 5. 适用企业：不局限于上市公司和股份制企业，在各类企业中均可实行

（3）日薪制

日薪制是指公司根据生产需要，以日薪作为计酬标准，按照实际工作日每天进行工资支付的一种短期用工形式。人力资源一般用以下公式计算员工的工资。

$$应付工资 = 出勤天数 \times 日工资$$

人力资源采用日薪制计算职工应付工资时，有利于正确计算生产工人的工资成本。但由于每月实际工作天数不同，且职工出勤天数也会不同，所以每月的工资计算会大大增加工作量。

2.2.2 要了解当地的最低工资标准

我国有一项劳动和社会保障制度——最低工资保障制度，全国各地都会根据当地的经济发展情况，规定最低工资标准。而用人单位支付给劳动者的工资就不得低于当地最低工资标准。

最低工资标准是指劳动者在法定工作时间或依法签订的劳动合同约定的工作时间内提供了正常劳动的前提下，用人单位依法应支付的最低劳动报酬。

最低工资标准一般不包括加班费、特殊工作环境条件下的津贴和法定福利待遇等部分，且该标准每1~3年会调整一次。

最低工资标准一般采取月最低工资标准和小时最低工资标准两种形式，其中，月最低工资标准适用于全日制就业劳动者，小时最低工资标准适用于非全日制就业劳动者。

如表2-3所示的是中华人民共和国人力资源和社会保障部公布的全国各地截止到2020年3月31日的月最低工资标准情况。

表 2-3　全国各地区月最低工资标准（截止到 2023 年 4 月 1 日）

地区	月最低工资标准（元）			
	第一档	第二档	第三档	第四档
北京	2 320			
天津	2 180			
河北	2 200	2 000	1 800	
山西	1 980	1 880	1 780	
内蒙古	1 980	1 910	1 850	
辽宁	1 910	1 710	1 580	1 420
吉林	1 880	1 760	1 640	1 540
黑龙江	1 860	1 610	1 450	
上海	2 590			
江苏	2 280	2 070	1 840	
浙江	2 280	2 070	1 840	
安徽	2 060	1 930	1 870	1 780
福建	2 030	1 960	1 810	1 660
江西	1 850	1 730	1 610	
山东	2 100	1 900	1 700	
河南	2 000	1 800	1 600	
湖北	2 010	1 800	1 650	1 520
湖南	1 930	1 740	1 550	
广东	2 300	1 900	1 720	1 620
其中：深圳	2 360			
广西	1 810	1 580	1 430	
海南	1 830	1 730	1 680	
重庆	2 100	2 000		
四川	2 100	1 970	1 870	

续表

地区	月最低工资标准（元）			
	第一档	第二档	第三档	第四档
贵州	1 890	1 760	1 660	
云南	1 900	1 750	1 600	
西藏	1 850			
陕西	1 950	1 850	1 750	
甘肃	1 820	1 770	1 720	1 670
青海	1 880			
宁夏	1 950	1 840	1 750	
新疆	1 900	1 700	1 620	1 540

另外，全国各地日最低工资标准也是不同的，公司人力资源在计算员工工资时，可先查阅当地日最低工资标准。

2.3 不同员工的工资核算处理不同

人力资源要了解，公司内部不同员工的工资在进行财务核算时，账务处理是不同的，虽然所有员工的工资都记为"应付职工薪酬"会计科目，但最终需要根据岗位性质确认到不同的会计科目。

2.3.1 财务人员的工资核算与处理

这里，财务人员是指公司财务部的员工。其主要职责是会计核算、会计监督、拟定本公司办理会计事务的具体办法、参与拟定经济计划和业务计划、考核并分析财务计划的执行情况以及办理其他会计事务。

如图 2-2 所示的是财务人员的工资核算与处理过程。

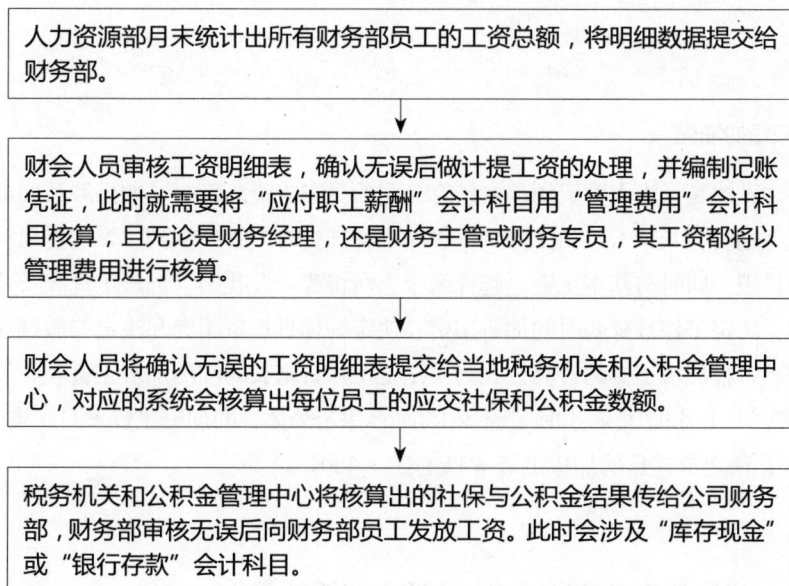

```
┌─────────────────────────────────────────────────┐
│ 人力资源部月末统计出所有财务部员工的工资总额，将明细数据提交给  │
│ 财务部。                                            │
└─────────────────────────────────────────────────┘
                         ↓
┌─────────────────────────────────────────────────┐
│ 财会人员审核工资明细表，确认无误后做计提工资的处理，并编制记账   │
│ 凭证，此时就需要将"应付职工薪酬"会计科目用"管理费用"会计科   │
│ 目核算，且无论是财务经理，还是财务主管或财务专员，其工资都将以  │
│ 管理费用进行核算。                                     │
└─────────────────────────────────────────────────┘
                         ↓
┌─────────────────────────────────────────────────┐
│ 财会人员将确认无误的工资明细表提交给当地税务机关和公积金管理中  │
│ 心，对应的系统会核算出每位员工的应交社保和公积金数额。         │
└─────────────────────────────────────────────────┘
                         ↓
┌─────────────────────────────────────────────────┐
│ 税务机关和公积金管理中心将核算出的社保与公积金结果传给公司财务  │
│ 部，财务部审核无误后向财务部员工发放工资。此时会涉及"库存现金"  │
│ 或"银行存款"会计科目。                                  │
└─────────────────────────────────────────────────┘
```

图 2-2

注意，在计提财务部所有员工的工资时，无论是专员级、主管级，还是经理级，他们的工资都将确认到"管理费用"会计科目中。

某公司 2018 年 7 月 31 日，人力资源部核算出了本公司财务部所有员工的工资总额，共 29 560 元。8 月 10 日，财务部所有员工实收工资 20 692 元，发生社保 2 956 元，公积金 5 912 元。那么，财会人员对这一过程要做的账务处理如下（暂不考虑个人所得税的处理）。

① 2018 年 7 月 31 日计提财务部员工的工资。

借：管理费用——工资　　　　　　　　　29 560

　　贷：应付职工薪酬——工资　　　　　　　　　29 560

② 2018 年 8 月 10 日发放财务部员工的工资。

借：应付职工薪酬——工资　　　　　　　29 560

　　贷：其他应付款——代扣社保　　　　　　2 956

　　　　　　　　　——住房公积金　　　　　5 912

　　银行存款　　　　　　　　　　　　　　20 692

职场加油站

需要注意的是，当人力资源部在计算公司的员工工资总额时，如果涉及到加班工资，则要将其计入该员工的工资总额中，计提时一并确认到"管理费用"会计科目中，同时与基本工资一起计缴个人所得税。在我国，加班工资涉及 3 种类型：法定工作日延长时间加班工资、法定公休日加班工资和法定节假日加班工资。各种加班工资的计算公式为：法定工作日延长时间的加班工资 =（实际工作时间 –8 小时）× 小时工资 ×150%；法定公休日的加班工资 = 日工资 ×200%；法定节假日的加班工资 = 日工资 ×300%。

2.3.2 其他管理人员的工资核算与处理

这里的其他管理人员包括行政部员工、人力资源部员工、各高层管理者以及除生产部基层员工以外的所有员工。这些人的工资明细在被人力资源提交给财务部后，财会人员将工资总额确认为管理费用，具体的账务处理与财务人员的工资核算与处理相同。

深圳某家公司 2018 年 6 月底，由人力资源部核算出所有员工的工资总额，并向财务部提交了明细表。其中，行政部员工的工资总额为 21 000 元，人力资源部员工的工资总额为 30 000 元，仓管及后勤部员工的工资总额为 36 000 元，高层管理人员的工资总额为 120 000 元。

公司为这些员工代扣代缴社保与公积金，分别是 59 640 元和 8 946 元，7 月中旬，公司向员工发放工资。那么，财会人员要做的账务处理如下（暂不考虑个人所得税的处理）。

① 2018 年 6 月底，计提其他管理人员的工资。

其他管理人员工资总额 =21 000+30 000+36 000+120 000=207 000（元）

借：管理费用——工资　　　　　　　　　207 000
　　贷：应付职工薪酬——工资　　　　　　　　207 000

② 2018 年 7 月中旬，给其他管理人员发放工资（不考虑个人所得税）。

实发工资 =207 000-（59 640+8 946）=138 414（元）

借：应付职工薪酬——工资　　　　　　　　207 000
　　贷：其他应付款——代扣社保　　　　　　　59 640
　　　　　　　　——住房公积金　　　　　　8 946
　　　　银行存款　　　　　　　　　　　　138 414

同样，这些管理人员的加班工资也应计入员工的工资总额中，一并确认为管理费用，同时缴纳个人所得税。

2.3.3 所有生产工人的工资如何核算

生产性企业的生产部员工工资其核算处理比较特殊，即要区分一般的生产工人和生产部管理人员。先来看看基层生产工人的工资核算处理，如图 2-3 所示。

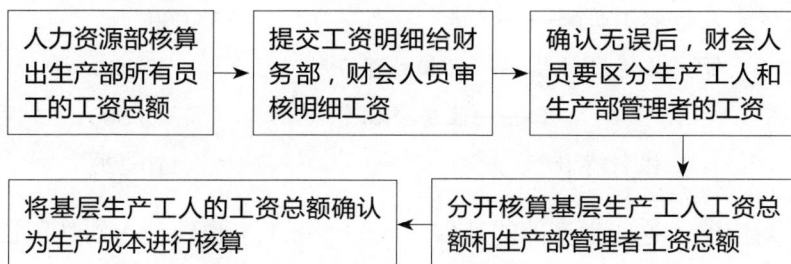

图 2-3

对此，人力资源工作者要知道财会人员是如何把基层生产工人的工资计入"生产成本"会计科目的。

某玩具生产厂 2018 年 5 月底时，人力资源部将所有员工的工资情况做了统计核算，并将明细表递交给财务部门。财会人员从中提取出生产部门所有员工的工资明细，并分开审核了基层生产工人和生产部管理者的工资情况，其中基层生产工人的工资总额为 153 000 元。确认无误后做了计提工资的账务处理。

所有员工工资对应的账务处理完毕后，财务部将工资明细表递交给当地税务机关和公积金管理中心，不久便收到社保和公积金缴纳明细，其中，公司要为基层生产工人代扣的社保金额为 37 200 元，公积金数额为 5 580 元。财务部确认每位员工的工资、社保和公积金数据无误后，6 月 10 日向员工发放工资，同时做账。在整个过程中，财会人员对基层生产工人的工资做了如下所示的账务处理（暂不考虑个人所得税的处理）。

① 2018 年 5 月底计提基层生产工人的工资。

借：生产成本——工资　　　　　　　　　　153 000
　　贷：应付职工薪酬——工资　　　　　　　　　153 000

② 2018 年 6 月 10 日，给基层生产工人发放工资。

实发工资 =153 000-（37 200+5 580）=110 220（元）

借：应付职工薪酬——工资　　　　　　　　153 000
　　贷：其他应付款——代扣社保　　　　　　　　37 200
　　　　　　　　——住房公积金　　　　　　　　 5 580
　　银行存款　　　　　　　　　　　　　　　110 220

对应的，这些生产部的基层工人的加班工资也要计入到其工资的总额中，计提时用"生产成本"会计科目，同时和基本工资一样，要作为缴纳个人所得税的计税依据。

2.3.4 生产部管理人员的工资核算

生产部管理人员的工资并不像基层生产工人的工资一样，用"生产成本"会计科目来计提和确认，也不像公司财务人员、人力资源员工及其他管理人员的工资，用"管理费用"会计科目计提和确认，而是要用"制造费用"会计科目来完成计提。

制造费用是指公司为生产产品和提供劳务而发生的各项间接费用，包括生产部门或生产车间发生的水电费、固定资产折旧、无形资产摊销、管理人员和辅助管理人员的职工薪酬、劳动保护费及修理期间的停工损失等。由此可看出，生产部门发生的各项费用的账务处理都比较特殊。

下面来看一个实例，人力资源也能搞懂生产部门管理人员的工资计提账务处理。

某食品生产厂家 2018 年 6 月底时，人力资源部的员工将所有公司内部员工的工资进行了统计，并制作工资明细表递交给财务部。财会人员在审核时提取出了生产部门管理人员和辅助管理人员的工资明细，并统计出总额为 31 500 元。

随后将确认无误的工资明细递交给当地税务机关和公积金管理中心，7 月初收到社保、公积金缴存明细，财会人员从中提取出给生产部门管理人员和辅助管理人员代扣的社保总额 5 880 元、公积金总额 882 元，整理统计结果，7 月 10 日向员工发放工资。相关的账务处理如下（暂不考虑个人所得税的处理）。

① 2018 年 6 月底计提生产部门管理人员和辅助管理人员的工资。

借：制造费用——工资　　　　　　　　　31 500

　　　　　贷：应付职工薪酬——工资　　　　　　　　　31 500

② 2018 年 7 月 10 日，给生产部管理人员和辅助管理人员发工资。

实发工资 =31 500-（5 880+882）=24 738（元）

　　借：应付职工薪酬——工资　　　　　　　31 500

　　　　贷：其他应付款——代扣社保　　　　　　　5 880

　　　　　　　　　　——住房公积金　　　　　　　882

　　　　　　银行存款　　　　　　　　　　　24 738

　　生产部门管理人员和辅助管理人员的加班工资应计入其工资总额，作为计缴个人所得税的计税依据，与基本工资一起核算，计提时用"制造费用"会计科目。

2.3.5　统计核算销售部所有员工的工资

　　人力资源统计出的销售部所有员工的工资数据，对财会人员来说，账务处理是一样的，不会像生产部门一样要区分管理者和一般员工，所有销售人员的工资在计提时都会用"销售费用"会计科目。那么，人力资源在处理销售人员的工资时要做哪些事呢？如图 2-4 所示。

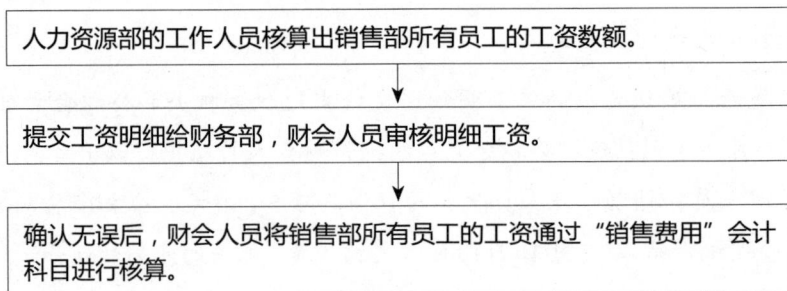

人力资源部的工作人员核算出销售部所有员工的工资数额。

↓

提交工资明细给财务部，财会人员审核明细工资。

↓

确认无误后，财会人员将销售部所有员工的工资通过"销售费用"会计科目进行核算。

图 2-4

　　某房地产公司 2018 年 4 月底时，人力资源部的工作人员将所有员工的工资进行了统计，编制工资明细表并递交一份给财务部。财会人员进行工资审核，其中，销售部所有员工的工资总额为 382 500 元，全部通过"销售费用"会计科目进行核算。

当财务部将工资明细递交给当地税务机关和公积金管理中心，并收到员工缴纳社保和公积金的明细资料后，财会人员确认公司为销售部所有员工代扣的社保和公积金总额分别为 42 600 元和 6 390 元。审核无误后，5 月中旬向销售人员发放工资，大致的账务处理如下（暂不考虑个人所得税的处理）。

① 2018 年 4 月底，计提销售部所有员工的工资。

借：销售费用——工资 　　　　　　　382 500

　　贷：应付职工薪酬——工资 　　　　　382 500

② 2018 年 5 月中旬，向销售部所有员工发放工资

实发工资 =382 500-（42 600+6 390）=333 510（元）

借：应付职工薪酬——工资 　　　　　　382 500

　　贷：其他应付款——代扣社保 　　　　42 600

　　　　　　——住房公积金 　　　　　6 390

　　银行存款 　　　　　　　　　　　　333 510

2.3.6 销售人员的提成工资是工资总额的一部分

大多数公司的销售人员都会有业务提成，它是指员工为公司创收后，公司按照一定比例从利润额中提取奖励并发放给员工个人，这就意味着公司对销售人员实行提成工资制。

这种方式计算工资，对员工来说具有一定的激励性，公司在实行时，首先要确定合适的提成指标，一般是按照业务量或销售额进行提成，即多卖多得。而关键点是确定合适的提成比例，既要达到激励作用，

又要不影响公司的盈利。

　　注意，人力资源工作人员在核算本公司销售人员的提成工资时，要将其计入销售人员的工资总额中，最终统计出的销售人员工资情况才是财务部需要的工资明细。相关工作流程如图 2-5 所示。

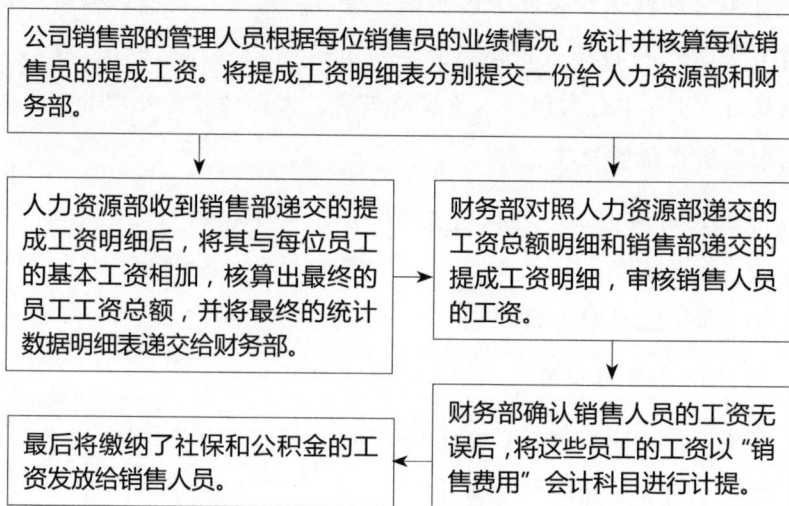

公司销售部的管理人员根据每位销售员的业绩情况，统计并核算每位销售员的提成工资。将提成工资明细表分别提交一份给人力资源部和财务部。

人力资源部收到销售部递交的提成工资明细后，将其与每位员工的基本工资相加，核算出最终的员工工资总额，并将最终的统计数据明细表递交给财务部。

财务部对照人力资源部递交的工资总额明细和销售部递交的提成工资明细，审核销售人员的工资。

财务部确认销售人员的工资无误后，将这些员工的工资以"销售费用"会计科目进行计提。

最后将缴纳了社保和公积金的工资发放给销售人员。

图 2-5

　　注意，不同的公司，根据自身的规定，核算销售人员的提成工资的人不一定都是销售部的工作人员。

职场加油站

人力资源部在统计核算公司销售人员的工资时，要区分业务提成与销售佣金的区别，关键是看销售人员是否与公司存在任职、雇佣关系。如果存在任职、雇佣关系，则因为销售业绩好而获得的额外奖励作为业务提成，按规定确认为员工的工资，缴纳个人所得税；如果不存在任职、雇佣关系，则因为销售业务好而获得的额外奖励作为销售佣金，在计缴个人所得税前扣除。两种情况下，都要用到"销售费用"会计科目，但前者在财务上处理为"销售费用——工资"会计科目，而后者直接处理为"销售费用"会计科目。

绩效考核与年终奖的核算

绩效考核一般是公司绩效管理的一个环节，目的是了解员工的整体工作情况，最终对绩效考核结果非常好的员工实施嘉奖。而年终奖是指每年度公司给予员工不封顶的奖励，是对员工一年来的工作业绩的肯定。两者并不冲突，可叠加使用。

2.4.1 相关部门要将绩效考核提交给财务部

绩效考核指考核主体对照工作目标和绩效标准，采用科学的考核方式，评定员工的工作任务完成情况、工作职责履行程度和员工发展情况，并将评定结果反馈给员工的过程。它的目的是为公司对员工实施奖励提供数据支持。

绩效考核实际上类似于销售人员的业务提成，当员工的绩效考核结果达到一定标准，即可获得额外的奖励。因此，绩效考核与员工的工资息息相关，相关部门要做好本部门所有员工的绩效考核，并将绩效考核结果提交给公司人力资源部和财务部。

人力资源部工作人员收到各部门员工的绩效考核结果后，以此为依据，结合对应的绩效工资核算办法，核算员工的绩效奖金（也称绩效工资），如图 2-6 所示的是某公司的绩效工资考核管理办法中的绩效工资计算方法的说明内容。

关于绩效工资计算方法说明

一、职员工资职级对照表

职员工资职级对照表

职级	工资标准	固定工资		变动工资		
		基本工资	岗位工资	考勤工资	个人绩效工资	加班工资
	100%		65%	8%	15%	12%
1	20000		11000	1600	3000	2400
2	18000		9700	1440	2700	2160
……	……	2000	……	……	……	……
14	7500		2875	600	1125	900
15	7000		2550	560	1050	840
16	6500		2725	520	975	780
17	6000		2400	480	900	720
……	……	1500	……	……	……	……
35	3700		905	296	555	444
36	3600		840	288	540	432
37	3500		1075	280	525	420
38	3400		1010	272	510	408
……	……	1200	……	……	……	……
50	2200		230	176	330	264
51	2100		165	168	315	252
52	2000		600	160	300	240
53	1950		568	156	293	234
……	……		……	……	……	……
69	1150	700	70	65	173	142
70	1100		70	65	165	100
71	1050		50	50	158	93
72	1000		50	50	150	50

备注： 从 69~70 级，基本工资为 700 元，岗位工资固定为 70 元，考勤固定为 65 元；绩效工资为 15%，余额为加班工资。从 71~72 级，基本工资为 700 元，岗位工资固定为 50 元，考勤工资固定为 50 元，绩效工资为 15%，余额为加班工资。

二、绩效工资计算

绩效工资=绩效工资基数×绩效考核系数

绩效考核系数取值见下表：

绩效考核等级	绩效考核系数
S	130%
A	110%
B	100%
C	60%
D	0

三、实例一

某员工月工资总额为 2000 元，绩效工资为工资总额的 15%，即 300 元，当月绩效考核等级为 A，那么：

当月实际工资=2000-300+300×110%=2030（元）

实例二

某员工月工资总额为 1700 元，其中绩效工资为 255 元，当月绩效考核等级为 C，那么：

当月实际工资=1700-255+255×60%=1598（元）

岗位工资=工资标准×岗位工资百分比-基本工资

考勤工资、绩效工资、加班工资=工资标准×相应的工资百分比

以上为绩效工资说明，如有不清楚的，可到人力资源部咨询。

出勤工资、加班工资另行约定。

人力资源部

图 2-6

人力资源部统计出各部门员工的绩效奖金后，将明细数据递交给财务部，财务部将其与各部门提交的绩效考核统计表进行核对，确认无误后对员工的工资总额进行账务处理。如图 2-7 所示的是某公司的部门绩效考核统计表模板。

部门绩效考核统计表

序号	部门	姓名	业务考核分（5分）	行政考核分（5分）	加分	扣分	备注	考核等级	考核分数合计

统计制作：   统计复核：   总经理批准：

备注 1：业务考核 5 分和行政考核 5 分。
一等标准：享受全额绩效岗位工资。
二等标准：享受绩效岗位工资的 80%。
三等标准：不享受绩效岗位工资。绩效考核连续两次以上为三等的员工，需要离开原岗位。

备注 2：加分标准。
1.为公司经营管理提供建议被采纳的，一次加 2 分。
2.经营或科研指标超额完成的，加 2 分。
3.受到客户高度评价和表扬的，加 1 分。
4.维护公司声誉和形象做出突出贡献的，加 1 分。
    扣分标准
1.上班时间未按规定着装，扣 0.5 分。
2.下班后未关闭电脑（包括显示器），扣 0.5 分。
3.下班后办公桌面不整洁，扣 0.5 分。
4.重要文件（合同、财务资料、会议纪要、技术文档、客户资料）未及时收藏，随意摆放者，扣 1 分。
5.代打卡签到或授意他人代打卡签到者，扣 1 分。
6.迟到 10 分钟以上，半小时以内，扣 0.5 分。
7.迟到半小时以上，扣 1 分。
8.无故旷工，扣 2 分。
9.泄露公司秘密，把公司客户介绍给他人或向客户索取回扣、介绍费，一经发现，解除劳动合同，全额赔偿公司的损失并送交司法机构，扣 5 分。
10.伪造、变造或盗用公司印、信，严重损害公司权益者，扣 5 分。
11.无事生非、挑拨离间，谩骂殴打或相互谩骂者，损害团队及同事团结者，扣 2 分。
12.无故不参加会议者，扣 1 分。
13.参加会议无故迟到或早退者，扣 0.5 分。

图 2-7

人力资源部和其他各部门在统计员工的绩效情况时，所用到的表格可以根据公司自身的情况而编制，各公司之间没有统一的模板和标准。

当财会人员结合人力资源部提交的各员工绩效奖金明细和其他各部门提交的本部门绩效考核统计表来审核员工的绩效工资后，要将每位员工的绩效工资计入该员工的工资总额中，一并成为计缴个人所得税的计税基础。

2.4.2 年终奖要作为工资进行统计核算

作为人力资源工作者要知道，2018 年 12 月 27 日我国财政部和税务总局发布了《关于个人所得税法修改后有关优惠政策衔接问题的通知》，规定居民个人取得全年一次性奖金，符合《国家税务总局关于调整个人取得全年一次性奖金等计算征收个人所得税方法问题的通知》（国税发〔2005〕9 号）规定的，在 2021 年 12 月 31 日前，不并入当年综合所得，以全年一次性奖金收入除以 12 个月得到的数额，按照本通知所附按月换算后的综合所得税率表（以下简称月度税率表），确定适用税率和速算扣除数，单独计算纳税。自 2022 年 1 月 1 日起，居民个人取得全年一次性奖金，应并入当年综合所得计算缴纳个人所得税。因此，人力资源和财会人员要将年终奖作为工资所得进行统计核算，并做相应的账务处理。

不同的公司，要根据自身情况调整年终奖的发放额度和形式。额度和形式的不同，会影响财会人员对员工工资进行的账务处理工作。下面来看看发放形式如何影响财会人员的账务处理工作。

◆ 双薪制

"年末双薪制"是最普遍的年终奖发放形式之一，很多外企倾向于该发放方式。它是指公司按员工平时月收入的数额，在年底加发一个月或数个月的工资，比如"12+1"表示加发一个月工资，即 13 薪。

在 2021 年 12 月 31 日前，这种情况下财会人员在核算每年 1 ~ 12 月的工资时，其账务处理按正常情况处理即可；而在对每年最后一个月获取的年终奖进行账务处理时，需要用年终奖金额除以 12 个月，以此得到的数额比对适用税率，然后对年终奖单独计算纳税。这样一来，每年最后一个月工资的账务处理与不发年终奖相比有明显差异。但如果是在 2021 年 12 月 31 日后，财会人员需要在年终时将一次性年终奖计入当年综合所得计缴个人所得税。

◆ 绩效奖金

绩效奖金是一种浮动的奖金，指根据个人年度绩效评估结果和公司业绩结果所发放的绩效奖金，与平时月度发放的绩效奖金有些许区别。

通常情况下，该绩效奖金的发放规则是公开的，如某级别的目标奖金相当于数月的基本工资，且级别越高的人，其奖金占总收入的比例越高。但是，对每位员工具体的绩效评估结果，各个公司的处理方法不一样，有的对全员公开，有的不公开。该方式也是直接影响员工每年最后一个月的工资总额和个人所得税缴纳额。

◆ 红包

一些小型微利企业每年的盈利额并不太多，为了不影响公司的后期发展，公司老板会以红包的形式向员工发放年终奖。红包金额多少由老板决定，且没有固定的规则，可能取决于员工与老板的亲疏、老板对员工的印象、员工资历或员工的重大贡献等。

这种年终奖的发放一般不公开，民营企业中比较常见。同样，发放的红包金额也要计入每年最后一个月的工资总额中，并计缴个人所得税。

除了上述 3 种货币形式的年终奖外，有些公司还将旅游奖励、赠送保险、车贴和房贴等列入年终奖的内容中。

　　人力资源要知道，无论公司采用哪种方式发放年终奖，有一条共通原则，即年终奖的发放既要维护公司自身的利益，又要顾及员工的心理期望值，这样才能起到奖励和激励的作用，为公司下一年度的运作做良好的铺垫。另外，年终奖的发放方案不应在将近年终时才考虑，公司应在年初制定公司计划时就制定好年终奖的相关事宜和方案。

2.5 关于工资的其他财务知识

　　公司的人力资源要对各员工的工资进行统计核算，因此，需要人力资源熟悉公司的薪酬结构和薪酬管理标准。同时，还要学会处理个别特殊员工的工资核算问题。

2.5.1 基于财务管理角度的薪酬管理过程

　　目前，很多公司的薪酬管理面临着如何制定合理的薪酬制度、选择什么样的薪酬策略以及如何控制薪酬成本等问题，使得基于财务角度的公司薪酬管理几乎成为所有公司管理中最特殊、也是最重要的管理。

　　基于财务角度的薪酬管理就是指在保证薪酬设计合理的情况下，使得薪酬成本最低。其基本任务是在贯彻公司薪酬战略、保证薪酬的公平性和薪酬功能正常发挥的前提下，减少一切不必要的薪酬开支，以提高利润水平。那么，基于财务管理角度的薪酬管理的过程包括哪些环节呢？如图 2-8 所示。

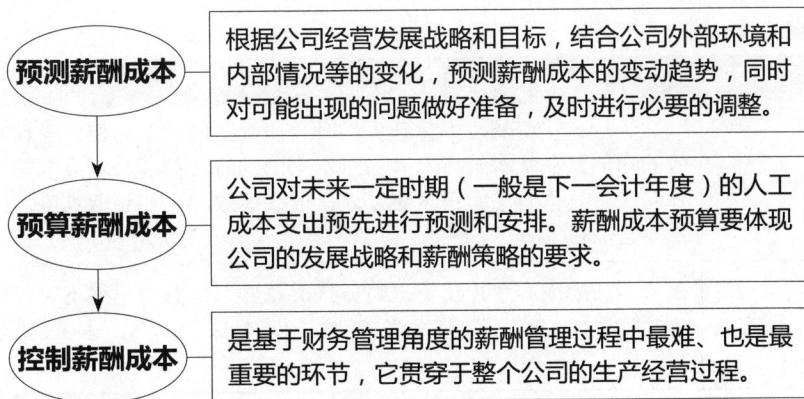

根据公司经营发展战略和目标，结合公司外部环境和内部情况等的变化，预测薪酬成本的变动趋势，同时对可能出现的问题做好准备，及时进行必要的调整。

公司对未来一定时期（一般是下一会计年度）的人工成本支出预先进行预测和安排。薪酬成本预算要体现公司的发展战略和薪酬策略的要求。

是基于财务管理角度的薪酬管理过程中最难、也是最重要的环节，它贯穿于整个公司的生产经营过程。

图 2-8

①在预测薪酬成本的环节，人力资源和各职能部门要考虑这样一些因素：公司的支付能力如何、劳动生产率的高低、劳动力市场的供求状况、员工基本生活费用多少合适、当地最低工资标准的调整和社保缴费率的调整等。在预测薪酬成本时，要合理确定公司的薪酬总额。

②在预算薪酬成本的环节，要编制合理精确的薪酬成本计划方案，其内容包括人工成本的各个项目、未来薪酬水平调整的动态因素等，确定未来一定时期内公司薪酬支出的总额和支付的结构比例，如工资、保险、福利、职工培训、住房补贴和其他人工成本的各个项目的比例，给出实际支付薪酬的目标和基准参照。

③在控制薪酬成本的环节，人力资源和公司各部门可采用如表 2-4 所示的几种方法。

表 2-4　公司控制薪酬成本的方法

方法类型	概述
积极型方法	即在薪酬成本管理未出现或已出现问题时，通过改善经营管理、提高劳动生产率的方式，在不降低薪酬水平的前提下，提高薪酬的投入产出比率，相对降低薪酬成本的比重。因此，各种能提高劳动效率和效益的方法均可

续表

方法类型	概述
保守型方法	以守为攻,在薪酬成本管理失控时,通过采取一系列相对温和有效的措施,在基本维持原有薪酬水平的同时,抑制薪酬成本的上升趋势。具体方法有:延缓发薪、提高绩效奖金的获取难度、压缩某些福利津贴的小额支出项目和其他人事办公费用等
消极型方法	在公司薪酬成本严重超支、财务状况急剧恶化时,不得不采取的全面减薪和大幅裁员,以此来控制薪酬成本的方法,是一种应急型、暂时性的方法

无论公司采用哪种方法来控制薪酬成本,都必须向全体员工说明公司的经营现状和财务状况,解释所采取各种方法的原因和意义。同时还要分析采用的方法的利弊,预测公司控制薪酬成本后的发展前景,取得员工们的理解和信任,使之主动配合公司的决策,这是薪酬成本控制能否奏效的关键。

2.5.2 如何合理优化薪酬结构

公司的人力资源管理者经常会面对这样的难题:如何用相同的工资水平更好地留住并发展人才?

在实际工作中,要想解决这一难题,首先要明确公司的付薪理念,选择相应的薪酬结构类型,然后确定合理的薪酬结构比例。因为薪酬水平会对员工的吸引力产生重大影响,而薪酬结构的合理与否会对员工的流动性和工作积极性产生重大影响。

（1）确定导向,选择薪酬结构的类型

在薪酬管理工作中,选择不同的导向就会有不同的付薪理念,进而对应不同的薪酬结构。如表2-5所示的是不同导向对应的薪酬结构类型及其优缺点。

表 2-5　薪酬结构的类型

类型	付薪理念	优点	缺点
以职位为导向的薪酬结构	对不同职位进行职位评价，确定职位的重要程度，再依据市场行情确定各职位的薪酬标准	实现同岗同酬，内部公平性比较强	容易发生不能胜任某岗位工作的人获得同样的职位工资
以绩效为导向的薪酬结构	根据员工的工作绩效确定薪酬标准，员工的收入与工作目标的完成情况直接挂钩，不同的标准组成薪酬结构	实现能者多劳多得；员工的工作目标更明确，公司目标更容易实现；公司不用事先支付过高的薪酬成本，可以合理控制薪酬成本	需要一个假设前提：金钱对员工的激励作用很大。这可能导致员工无法与公司共渡难关
以技能为导向的薪酬结构	根据员工所拥有的与工作相关的技能和知识水平来决定员工薪酬，员工要想加薪，必须证明自己已经掌握了更高级的工作技能	可以促使员工的能力不断提升，使公司能够适应内外部环境的变化，经营的灵活性增强	容易使员工感觉不公平，因为高技能的员工不一定就有高的产出；用于界定和评价技能的管理成本较高
组合薪酬结构	薪酬分为几个组成部分，分别依据职位、绩效、技能和工龄等因素来确定薪酬数额	全面考虑了员工对公司的投入，薪酬结构更合理	—

公司根据自身经营的特点，选择适合公司发展的薪酬结构。比如，房地产、工厂等以销售或生产为主的公司，可以选择以绩效为导向的薪酬结构；科技公司、软件公司等以技术为主的公司，可以选择以技能为导向的薪酬结构。

（2）设计薪酬结构的比例

通常，员工薪酬中的固定收入可以保障其日常生活开支，使员工有安全感。一方面，如果固定收入设计过高，有可能使员工产生懒惰情绪，不思进取，削弱薪酬的激励作用；另一方面，如果变动工资占比过高，又会使员工缺乏安全感和保障，不利于吸引并留住员工。因此，人力资源应配合公司设计出合理的薪酬结构比例。

如下所示的是某公司内部不同层级员工的薪酬结构设计方案。

1. 基层人员：在其总收入中，固定工资的比例最高，变动工资的比例次之。并且，这些员工的短期薪酬占薪酬总数的绝大部分比例。

2. 中级管理人员：在其总收入中，固定工资的比例与基层员工相比有所降低，变动工资的比例相应提高。并且，这些员工的薪酬总额中，短期薪酬的比例有所下降，但仍然要是薪酬总额中的主要组成部分。

3. 高级管理人员：在其总收入中，固定工资的比例最低，变动工资的比例应尽量提高。并且，这些人的短期薪酬的比例与中级管理人员相比要进一步下降，甚至低于长期薪酬所占的比例。

公司除了从内部出发，合理优化薪酬结构外，还要辅以外部措施，如了解同行业的薪资水平，使薪酬结构的优化具有对外竞争力。

职场加油站

人力资源配合公司设计内部薪酬结构时，要保证层级之间的薪酬差距适中。比较常见的薪酬结构有两种，分别是一岗一薪和一岗多薪。其中，一岗一薪是指工作岗位只有一种工资标准，如新入职和工作了两年的员工底薪与提成方案一样，缺点是会无视老员工的积极性；一岗多薪是指一个工作岗位有多个级别的薪酬标准，如将某个岗位的薪酬级别划分为 A、B、C 这 3 个等级，根据员工的工作资历、培训和考核等情况给予晋级并加薪，比较合理。

2.5.3　如何让薪酬核算更规范合理

薪酬核算是人力资源部门的一件大事，更是员工辛苦一个月后最关心的问题。如果核算失误，或者核算不合理，会引起员工的不满和投诉，增加员工离开公司的可能性，不利于公司发展。

因此，人力资源部要尽可能地让薪酬核算更规范、合理，这就需要在核算员工薪酬时按照一定的规章制度和流程进行。下面就来看看使薪酬核算更规范合理的一些具体措施和要点。

以薪酬制度为准。人力资源在核算员工工资时，要以公司内部的薪酬制度为准，一切核算工作均要有对应的规定做保证，这样可以防止工资金额核算不到位、范围核算不全面。

核算前及时收集辅助表格。一是每位员工的薪资明细表，如果遇到转正或加薪的，要及时按批准单修改；二是员工的考勤表，以此为依据进行全勤奖记录或考勤扣款；三是其他奖罚单。

明确各岗位的工资核算标准。公司内部的不同岗位应有不同的薪酬标准，核算时要重视各岗位的工资核算方法。

重视加班工资的核算。员工牺牲了自己的休息时间来加班，显然很希望得到应有的报酬。如果人力资源将员工的加班工资核算错误，或者加班工资的核算标准设置得不合理，会引起员工内心的不满。因此，人力资源对加班工资的核算要引起重视。

熟练掌握各种假期的核算标准。公司内部规定的各种假期会影响当月工资的核算，人力资源要牢记各种假期的管理制度，进而规范工资的核算过程。

重复检查。人力资源要对编制完成的工资明细表重复检查、核对，尽量避免漏扣、漏发等工作失误，然后报请财务总监及公司领导审核、审批。

2.5.4 劳务派遣人员的工资谁给

一些公司会与有关中介机构签订劳务用工合同，即公司并不直接与合同下雇佣的人员订立单项劳动合同，也不任命这些人员，但通过劳务用工合同，这些人员在公司相关人员的领导下，按照公司的工作计划和安排，做一些与本公司职工类似的工作。

然而，在实际操作中，这些派遣员工的工资支出和发放有不同的方式，主要有以下 3 种。

◆ 工资由公司支付，但由派遣公司发放

这种方式适合综合性的派遣公司为公司提供派遣员工的情况，此时劳务派遣公司无法确定派遣员工的工作内容和强度，也就无法衡量并核算员工的工资，所以需要接受劳务的公司支付工资，但具体发放时由派遣公司发放。具体的工资处理流程如图 2-9 所示。

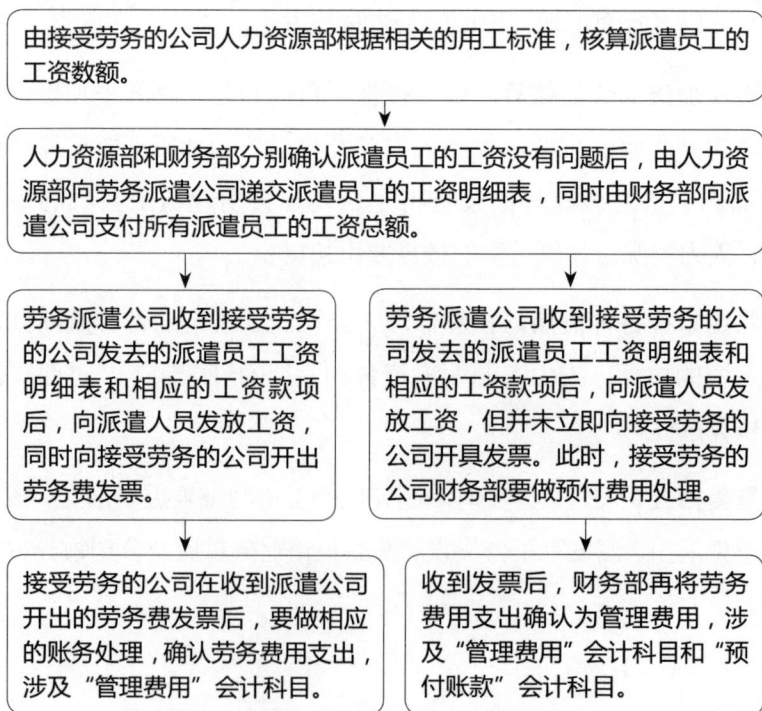

由接受劳务的公司人力资源部根据相关的用工标准，核算派遣员工的工资数额。

⬇

人力资源部和财务部分别确认派遣员工的工资没有问题后，由人力资源部向劳务派遣公司递交派遣员工的工资明细表，同时由财务部向派遣公司支付所有派遣员工的工资总额。

⬇

劳务派遣公司收到接受劳务的公司发去的派遣员工工资明细表和相应的工资款项后，向派遣人员发放工资，同时向接受劳务的公司开出劳务费发票。	劳务派遣公司收到接受劳务的公司发去的派遣员工工资明细表和相应的工资款项后，向派遣人员发放工资，但并未立即向接受劳务的公司开具发票。此时，接受劳务的公司财务部要做预付费用处理。
接受劳务的公司在收到派遣公司开出的劳务费发票后，要做相应的账务处理，确认劳务费用支出，涉及"管理费用"会计科目。	收到发票后，财务部再将劳务费用支出确认为管理费用，涉及"管理费用"会计科目和"预付账款"会计科目。

图 2-9

除此之外，如果公司与劳务派遣公司签订的用工合同还规定要支付一定的服务费，则要按约定进行支付。

◆ 工资由公司支付并发放

这种方式多用于劳务派遣公司无法确定派遣人员的工资数额，同时与接受劳务的公司签订的用工合同也约定由公司直接发放工资的情况。常见于一些兼职公司和平台，其只收取接受劳务的公司支付的一定数额服务费。

当公司直接向派遣员工支付工资时，公司的财会人员就要将这部分劳务费确认为员工的工资，以"应付职工薪酬"会计科目核算，但这种情况很少见。

◆ 工资由劳务派遣公司支付并发放

有的劳务派遣公司的业务比较有针对性，如保洁公司。当公司与保洁公司签订用工合同，接受保洁员的劳动服务时，公司就不会给该保洁员结算工资，而是由保洁公司自己向保洁员支付和发放工资，此时公司只需向保洁公司支付约定的服务费即可。

此种情况下，公司的财会人员会将支出的服务费确认为行政管理费用，以"管理费用"会计科目核算。

2.5.5 为总公司派遣到分公司的员工发放工资

一些大型公司内部的人事变动比较常见，如总公司派遣员工到分公司，或分公司员工被调至总公司。在员工被派遣调离的过程中，其劳动关系需要根据具体情况重新确立。

那么，要了解总公司派员工到分公司时被派遣员工的工资由谁发放，首先要确定其劳动关系的归属情况。下面从不同的派遣方案来认识被派遣员工的劳动关系归属情况，进而确定由谁给被派遣员工发放工资。

①由总（母）公司与劳动者签订劳动合同，然后将劳动者派驻至分（子）公司工作。此方案下，必须要有总（母）公司与劳动者之间的劳动合同、总（母）公司与分（子）公司之间的派驻合同等法律文件；解聘被派遣员工时，先将其从分（子）公司调回总（母）公司，再由总（母）公司解聘；在劳动争议诉讼中，分（子）公司与总（母）公司承担连带责任，且分（子）公司的一把手无法擅自修改被派遣员工与总（母）公司之间签订的劳动合同。

②由分（子）公司直接与劳动者签订劳动合同，同时明确要求分（子）公司在与劳动者解除劳动合同时要提前征求总（母）公司的意见。此方案下，必须要有分（子）公司与劳动者之间的劳动合同；解聘被派遣员工时，分（子）公司先征得总（母）公司的同意，再由分（子）公司负责解聘；在劳动争议中，由分（子）公司单方承担责任，分（子）公司无力承担时由总（母）公司承担补充责任，且分（子）公司的一把手可以利用自己的权利擅自修改其与被派遣员工的劳动合同。

如果员工由总（母）公司派遣到分（子）公司，劳动关系还在总（母）公司，人员管理在分（子）公司，如方案①，这种情况视为"人员借调"，属于"外派"方式，一般工资由总（母）公司支付并发放。

如果员工由总（母）公司派遣到分（子）公司，劳动关系和人员管理均在分（子）公司，如方案②，一般工资由总（母）公司支付，分（子）公司负责发放。此时总（母）公司与分（子）公司之间会涉及往来账。

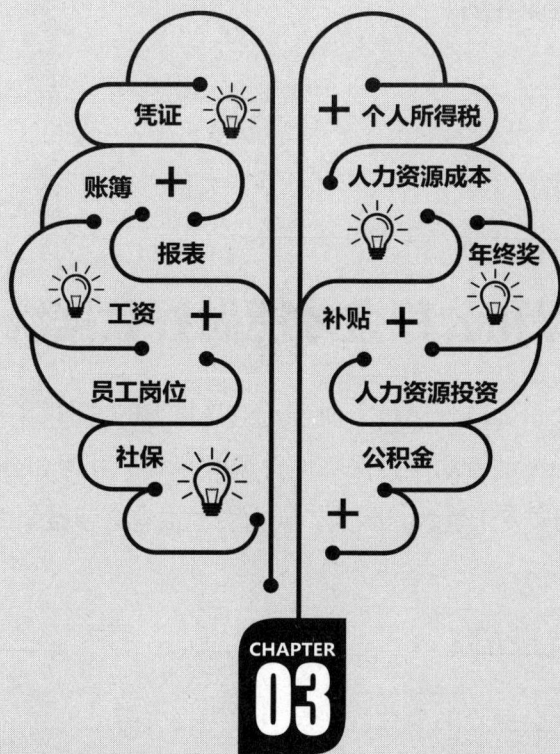

凭证
账簿
报表
工资
员工岗位
社保

个人所得税
人力资源成本
年终奖
补贴
人力资源投资
公积金

CHAPTER
03

社保、公积金和商业保险与财务的关系

公司人力资源除了要核算员工的工资，还要处理员工的社保、公积金和商业保险等问题。这些项目会对财会人员的核算工作带来影响，因此，人力资源若要做好本职工作，同时更好地协助财务部的工作，就要了解社保、公积金和商业保险等与财务的关系，做到心中有数。

3.1
了解社保和公积金才能做好数据统计

社保和公积金对公司员工而言，就是常说的"四险一金"，均是用人单位给予劳动者的几种保障性待遇的合称。社保和公积金的核算会影响员工的实发工资数，因此，人力资源很有必要做全面了解。

3.1.1 社保就是五险

社保是社会保险的简称，它是一种为丧失劳动能力、暂时失去劳动岗位或因健康原因造成损失的人口提供收入或补偿的一种制度。社保包括四种保险：养老保险、医疗保险、失业保险和工伤保险。其中，生育保险已经与医疗保险合并。

◆ 养老保险

养老保险全称为社会基本养老保险，它是社会保障制度的重要组成部分。养老保险是国家和社会根据一定的法律和法规，为解决劳动者在达到国家规定的解除劳动义务的劳动年龄界限，或因年老丧失劳动能力退出劳动岗位后的基本生活而建立的制度。其目的是保障老年人的基本生活需求，为其提供稳定可靠的生活来源。

◆ 医疗保险

四险中的医疗保险指基本医疗保险和生育保险，其中，基本医疗保险为了补偿劳动者因疾病风险造成的经济损失而建立的一项制度。通过用人单位与员工个人缴费，建立医疗保险基金，参保人员患病就诊发生医疗费用后，由医疗保险机构对其给予一定的经济补偿，减轻医疗费用负担，防止患病的社会成员"因病致贫"。

◆ 失业保险

失业保险是指国家通过立法强制实行的，对因失业而暂时中断生活来源的劳动者提供物质帮助以保障其基本生活的制度。由用人单位、职工个人缴费，以及国家财政补贴等渠道筹集资金，建立失业保险基金。另外，国家通过专业训练、职业介绍等手段为失业者再就业创造条件。

◆ 工伤保险

工伤保险是指劳动者在工作中或在规定的特殊情况下，遭受意外伤害或患职业病导致暂时或永久丧失劳动能力以及死亡时，劳动者或其遗属从国家和社会获得物质帮助的一种制度。工伤的责任无论是在个人还是在公司，都享有社会保险待遇，即补偿不究过失的原则。

工伤保险与受伤员工的补偿既包括医疗、康复所需费用，也包括保障基本生活的费用。

◆ 生育保险

生育保险是国家通过立法，在怀孕和分娩的妇女劳动者暂时中断劳动时，由国家和社会提供医疗服务、生育津贴和产假的一种制度。我国生育保险待遇主要包括两项：一是生育津贴，二是生育医疗待遇。生育保险的宗旨在于通过向职业妇女提供生育津贴、医疗服务和产假，帮助她们恢复劳动能力，重返工作岗位。目前生育保险已经合并到医疗保险中。

3.1.2 公积金及其用处

"四险一金"中的公积金通常指住房公积金，它是指国家机关、国有企业、城镇集体企业、外商投资企业、城镇私营企业及其他城镇企业、事业单位、民办非企业单位、社会团体为其在职职工缴存的长期住房储金。

住房公积金对应住房公积金制度，是一种住房保障制度，具有强制性、互助性和保障性，单位和个人必须依法履行缴存住房公积金的义务。职工个人缴存的住房公积金及单位为职工缴存的住房公积金，实行专户存储，归职工个人所有。

作为公司的人力资源，要深入理解住房公积金的含义，主要有如图 3-1 所示的 5 个方面。

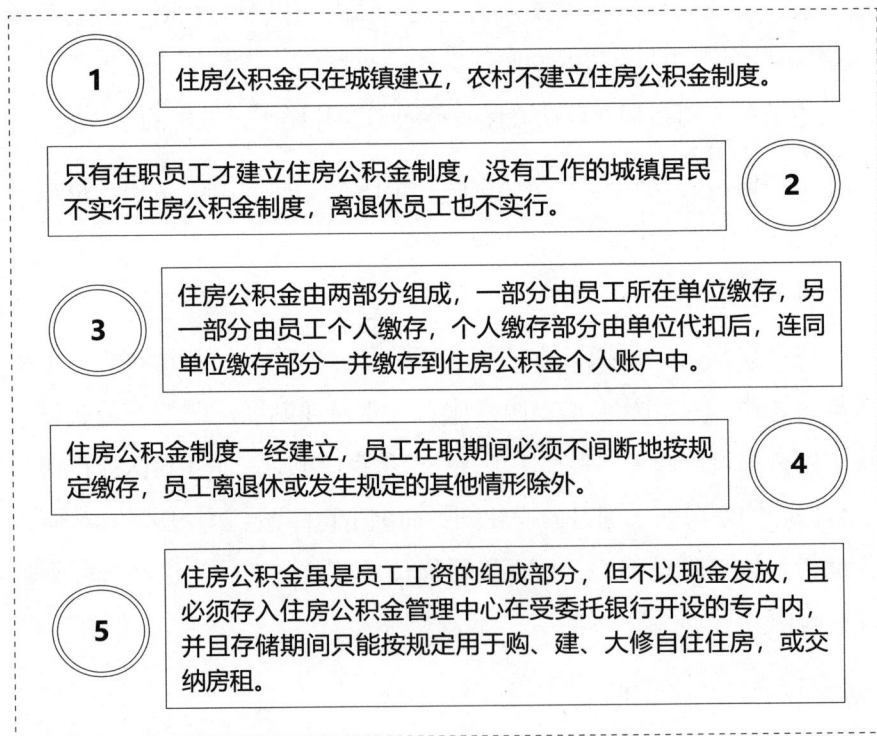

1　住房公积金只在城镇建立，农村不建立住房公积金制度。

只有在职员工才建立住房公积金制度，没有工作的城镇居民不实行住房公积金制度，离退休员工也不实行。　2

3　住房公积金由两部分组成，一部分由员工所在单位缴存，另一部分由员工个人缴存，个人缴存部分由单位代扣后，连同单位缴存部分一并缴存到住房公积金个人账户中。

住房公积金制度一经建立，员工在职期间必须不间断地按规定缴存，员工离退休或发生规定的其他情形除外。　4

5　住房公积金虽是员工工资的组成部分，但不以现金发放，且必须存入住房公积金管理中心在受委托银行开设的专户内，并且存储期间只能按规定用于购、建、大修自住住房，或交纳房租。

图 3-1

那么，公司员工的公积金可以用来做什么呢？主要有如下所示的四大用途。

买房。这是公积金最主要的用途，缴存了公积金的个人在购置房产时，可以根据规定提取账户中已有的公积金，并可将后续存入账户的公积金用于偿还房贷。

租房。缴存了公积金的租房者可以申请提取公积金用于支付房租，减轻自己的生活压力。公积金不仅可以支付公租房的房租，也可以支付市场租赁的房租。在北上广深等热点城市比较常见。

装修。住房公积金可以供装修房屋使用，有需要的人可以在当地的住房公积金管理部门咨询具体的情况，并提出申请。如果缴存了公积金的人在农村集体土地上建造、翻建和大修自有住房且使用住房贷款的，员工及配偶可以申请提取一部分公积金。

支付医疗费用。很多人都不清楚，住房公积金可用于支付医疗费用。如果缴存了公积金的人或其家庭成员患重大疾病或需要重大手术，自己和配偶均可申请提取自己的公积金来支付医疗费，申请时间在住院之日起一年内即可。与医疗保险合力提供双重保障，减轻医疗费用负担。

除此之外，人力资源还需了解公积金在使用过程中的注意事项，大体上有如表 3-1 所示的 3 点。

表 3-1　公积金使用过程中的注意事项

注意事项	具体解释
公积金不能直接用作购房首付	缴存了公积金的人在购房时先垫付首付款，再到住房公积金管理中心提取其账户内的存储金额
公积金的提取总额不能超过房款总额	如某员工贷款购买房屋的总价为 20 万元，但其公积金账户中的存储金额为 30 万元，则最多能提取 20 万元的公积金
结清公积金贷款后可再用公积金购房	无论是个人还是家庭，只有在结清前次住房公积金贷款后，才能再次使用公积金贷款购房

职场加油站

对公司的人力资源来说，不仅要了解住房公积金，还要知道公司公积金的存在。公司公积金是指公司净资产额超过已经收到的资本或股本额而为特定目的积存于公司的基金。公司公积金的作用是增加公司的资本，但并不是公司股本的构成内容，其功能与股本相似，所以也称为"附加股本"，与股本一起构成公司的自有资本。根据其积存是否出于法律的强制规定，可分为法定公积金和任意公积金；根据其积存的来源不同，可分为盈余公积金和资本公积金。

3.2
随时关注社保、公积金政策

由于每位员工应缴存的社保和公积金数额与当地的平均工资数据挂钩，也与缴存比例相关，再加上各地每年的职工平均工资水平会不断变化。因此，为了清楚、准确地核算员工的社保和公积金数额，人力资源需要密切关注当地的社保、公积金政策。

3.2.1 关于社保的一些财务制度

社保问题与公司的财务工作关系密切，人力资源在帮助公司确定每位员工的社保金额时，一定要了解清楚相关的财务制度。

（1）随收即付制

随收即付制度是指社保部门当期所收保险费用于当期给付，使保险财务收支保持大体平衡的一种财务制度。除了养老保险项目外，一般社会保障项目都采用这种财务制度。

随收即付制度最大的优点是费率计算简单，同时因为没有巨额基金，不会有保值增值的压力，不会受到货币贬值的不利影响。但它的缺点也比较明显，相关部门必须经常重估财务结构，调整费率。因此，对于养老保险来说，这一制度有利有弊，在退休金方面，随收即付制度实际上是代际间的再分配关系，日益上升的费率会加深代际矛盾。

（2）完全积累制

完全积累制是指在对影响费率的相关因素进行长期测算后，确定一个可以保证在相当长的时期内收支平衡的平均费率，并且社保部门将所收保险费全部形成社会保险基金的一种财务制度。公司年金制度、社保制度框架下的养老保险个人账户计划等常常采用这种财务制度。

这一制度的最明显优点是：由于基金的积累，在人口老龄化的情况下能保持保险费率的相对稳定。但是，这一优点要以"基金收益率高于工资增长率"为前提，所以它的缺点是比较明显的：一是在制度运行的初始阶段就要求较高的费率；二是基金会受通货膨胀带来的压力，且压力较大。

（3）部分积累制

部分积累制是随收即付制度和完全积累制度的结合，在实施的初始阶段，其费率高于随收即付制但低于完全积累制，在准备金方面，它会高于随收即付制而低于完全积累制。

通常的做法是，将原来随收即付制下员工所交保费中的一小部分积累于个人账户，或在原来的制度上提高费率并将增量部分全部积累到员工个人账户。这一制度也面临基金的管理和保值增值问题。

在实际工作中，人力资源需要了解并学习与社保相关的具体政策，常见政策如表 3-2 所示。

表 3-2　与社保相关的常见政策

保险类别	常见政策
养老保险	1.《关于 ×× 年调整退休人员基本养老金的通知》； 2.《关于印发统一和规范职工养老保险个人账户记账利率办法的通知》； 3.《关于进一步完善企业职工基本养老保险省级统筹制度的通知》等
医疗保险	1.《关于做好 ×× 年城镇居民基本医疗保险工作的通知》； 2.《关于加快推进跨省异地就医结算系统建设的通知》； 3.《关于推动医疗、医保、医药联动改革的指导意见》等
失业保险	1.《关于调整失业保险金标准的指导意见》； 2.《关于阶段性降低失业保险费率有关问题的通知》； 3.《关于进一步做好失业保险支持企业稳定岗位工作有关问题的通知》等
工伤保险	1.《关于工伤保险基金省级统筹的指导意见》； 2.《关于进一步做好 ×× 业工伤保险工作的通知》； 3.《关于调整工伤保险费率政策的通知》等
生育保险	1.《关于做好生育保险和职工基本医疗保险合并实施试点有关工作的通知》； 2.《关于印发国家基本医疗保险、工伤保险和生育保险药品目录的通知》等

3.2.2　了解社保的计算标准和征集方式

社保必须根据各种风险事故的发生概率，并按照给付标准事先估计的给付支出金额，求出缴存社保的被保险人所承担的一定比率，以此作为厘定保险费率，这就是社保的计算标准。

人力资源不仅要了解社保的计算标准，还要清楚社保的征集方式有哪些，通常有如下两种。

◆ 比例保险费制

比例保险费制方式以缴存社保的被保险人的工资收入为准，规定一定的百分率，从而计收保险费。其主要目的是补偿被保险人遭遇风险事故期间所丧失的收入，以维持其最低的生活所需。因此，必须要参照被保险人平时赖以为生的收入来确定百分率，一方面作为衡量给付的标准，另一方面作为保费计算的依据。

以工资为基准的比例保险费制有相应的缺陷：社保的负担直接与工资相联系，无论是雇主、雇员双方负担社保费，还是其中一方负担保费，社保的负担都表现为劳动力成本的增加，其会导致资本排挤劳动力，从而引起失业率增加。

◆ 均等保险费制

均等保险费制方式是不论被保险人或其雇主的收入是多少，一律计收同等额度的保险费。其优点是计算简便，易于普遍实施。相应地，在这种方式下征收社保时，国家也会在给付时采用均等制。

但是，该方式也有缺点，即低收入者和高收入者缴存相同额度的保费，在负担能力方面存在明显的不公平性。

3.2.3 清楚社保的缴费基数和缴费比例

公司的人力资源在了解了社保的计算标准和征集方式后，更重要的是要清楚社保如何计算保费，这就要求人力资源清楚公司所在地当前的社保缴费基数和缴费比例，因为计算保费需要用到如下公式。

社保缴费金额 = 社保缴费基数 × 社保缴费比例

（1）社保缴费基数

社保缴费基数是指公司或员工个人用于计算缴纳社保费的工资基数，用此基数与规定的费率相乘，得出的结果就是公司或员工个人应该缴存的社保费金额。

需要人力资源和财会人员注意的是，全国各地的社保缴费基数是员工本人的工资数，但其有上、下限的约束，具体与当地的年平均工资数据相关，主要按照当地职工上一年度 1 ~ 12 月的所有工资性收入所得的月平均额来确定上、下限，情况如下。

社保缴费基数上限。职工上一年度工资收入超过上一年度省、市在岗职工月平均工资的 300% 的，无论超过多少，均以当地上一年度职工月平均工资的 300% 为缴费基数。

社保缴费基数下限。职工工资收入低于上一年度省、市在岗职工月平均工资的 60% 的，无论低于多少，均至少以当地上一年度职工月平均工资的 60% 为缴费基数。

相对地，如果公司员工的月工资收入高于上一年度省、市在岗职工月平均工资的 60%，同时低于上一年度省、市在岗职工月平均工资的 300%，则缴费基数为员工的实际工资数额。

比如，某地上一年度职工月平均工资为 6 000 元，而某员工上一年度的月平均工资收入为 18 001 元，超过当地上一年度职工月平均工资的 300%，则当年该员工社保缴费基数为 18 000 元（6 000×300%）。

如果该员工上一年度月平均工资收入为 3 599 元，低于当地上一年度职工月平均工资的 60%（6 000×60%=3 600），此时该员工社保缴费基数最低为当地上一年度职工月平均工资的 60%，即最低以 3 600 元为缴费基数，而不以 3 599 元为缴费基数。

若该员工上一年度月平均工资收入在 3 600 元（含）～ 18 000 元（含）之间，则其社保缴费基数以上一年度实际的月平均工资数额为准，如其上一年度月平均工资为 3 800 元，则当年社保缴费基数为 3 800 元；如果为 17 000 元，社保缴费基数为 17 000 元。

也就是说，无论公司员工上一年度月平均工资有多少，其社保缴费基数不能低于当地上一年度职工月平均工资的 60%，同时也不能高于职工月平均工资的 300%。需要说明的是，社保中的养老保险的缴费基数的下限可能会与社保整体缴费基数下限不同。

上述缴费基数的确定方法要以明确知道员工的工资收入是多少为前提，如果员工的工资收入无法确定，则其社保缴费基数为当地劳动行政部门公布的当地上一年职工月平均工资数额。

另外，社保缴费基数每年确定一次，申报和调整的时间通常在 4 ～ 7 月，且确定后一年内不再变动。用人单位应根据所在市的社会保险经办机构的通知，在规定时间内申报本单位职工新一年度的社保缴费基数，社会保险经办机构进行核定，通过后公司才能执行社保缴费。

（2）社保缴费比例

社保缴费比例是指社保费的征缴费率，按照我国现行的社会保险相关政策的规定，对不同的社保险种实行不同的征缴比例，且不同地方的社保缴费比例也会不同。如表 3-3 所示的是北京市社保缴费比例。

表 3-3　北京市社保各险种的缴费比例

保险类别	缴费比例	
	公司	个人
基本养老保险	16%（以单位工资总额为基数）	8%（以本人工资为基数）

续表

保险类别	缴费比例	
	公司	个人
基本医疗保险	10%	2%+3 元
失业保险	0.8%	0.2%
工伤保险	0.2% ~ 1.9%(具体根据单位划分行业来确定)	无
生育保险	0.8%	无

有的公司为员工代扣代缴的五险中还包括大病医疗互助补充保险，具体根据公司自身情况而定。另外，全国各地的用人单位，无论员工的社保缴费基数是多少，缴费比例的标准是一样的。

3.2.4 清楚公积金的缴费基数和缴费比例

与社保一样，公积金的缴存也有基数和比例的规定，具体如下。

（1）公积金缴费基数

根据相关规定可知，公司员工的住房公积金缴费基数为员工本人上一年度月平均工资数额。并且，公积金缴费基数也有上、下限的约束。

住房公积金缴费基数上限。不得高于职工工作当地人社部门公布的上一年度职工月平均工资的 3 倍，超过 3 倍的，缴费基数不再是员工本人上一年度月平均工资数额，而是当地上一年度职工月平均工资的 3 倍对应的数额。

住房公积金缴费基数下限。不得低于职工工作当地的上一年度最低工资标准。低于最低工资标准的，缴费基数不再是员工本人上一年度月平均工资数额，而是当地上一年度职工最低工资数额。

相应地，员工上一年度月平均工资数额在上、下限之间的，则以实际统计出的上一年度月平均工资数额作为住房公积金缴费基数。

比如，某员工上一年度月平均工资为 6 000 元，而当地上一年度的职工最低工资标准为 1 720 元 / 月，同时，当地上一年度职工月平均工资为 5 800 元，所以该员工上一年度的月平均工资＞当地上一年度职工最低工资标准，且没有超过当地上一年度职工月平均工资的 300%（即 5 800×300%=17 400 元）。

所以，该员工当年的公积金缴存基数为其本人上一年度月平均工资数额，即 6 000 元。

如果该员工上一年度月平均工资为 17 401 元，超过了当地上一年度职工月平均工资的 300%，即 17 400 元，此时该员工当年的公积金缴存基数应为 17 400 元。

一般来说，员工的月平均工资都不会低于当地上一年度的职工最低工资标准。

（2）公积金缴费比例

公积金缴费比例就是住房公积金的征缴费率，公积金缴费基数与该比例相乘，即可求得员工应缴存的公积金数额。

国家相关部门规定，公司员工的公积金缴费比例在 5%～12% 之间，全国各地的公司根据自身的发展情况，确定公积金缴费比例。也就是说，同一个地方的不同公司，其为员工制定的公积金缴费比例可能不同，只要在规定的比例范围内即可。

另外要注意，公积金的公司缴费比例和员工缴费比例是一样的。比如，某公司为员工缴存公积金时，使用比例为 8%，则员工个人部分也应按 8% 的比例缴存公积金。

以上述案例为例，假设最终确定的该员工当年的公积金缴存基数为 6 000 元，公司向公积金管理中心申报的公积金缴费比例为 10%，那么，公积金的缴存情况如下所示。

公积金的公司代扣代缴数额 =6 000×10%=600（元）

公积金的员工个人缴存数额 =6 000×10%=600（元）

也就是说，该员工当年每月会有 1 200 元的公积金缴存数额。

3.3
社保、公积金的统计与核算

现在很多公司的财会人员将员工的工资明细提交给当地社保局和公积金管理中心后，相关机构的系统会自行统计出每位员工的社保和公积金缴存数，公司财务部收到相关明细数据后可直接进行代扣代缴，所以不再需要人力资源负责统计并核算员工的社保和公积金。虽是如此，但人力资源还是要了解相关的统计和核算细节，便于对其进行核对。

3.3.1 社保和公积金是工资的一部分

一般来说，公司人力资源部给各员工核算出的初步工资总额是包含了社保和公积金的数额，之后再根据这一初步的工资总额进行社保、公积金的缴存。也就是说，社保和公积金是员工应得工资的一部分。相对地，员工的实发工资就是应得工资扣去社保、公积金和个人所得税后的数额。相关关系如图 3-2 所示。

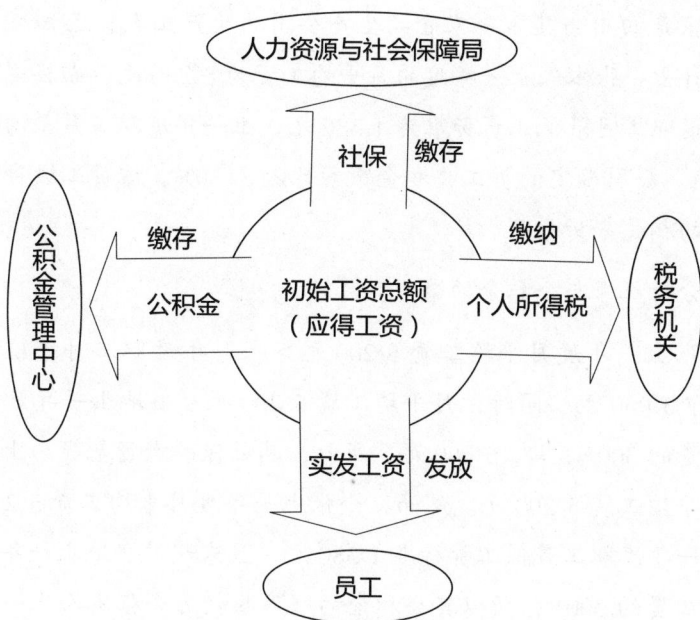

图 3-2

上图表示，公司按照国家规定的缴存基数和缴存比例，为员工代扣代缴社保和公积金，这部分工资分别进入当地人力资源与社会保障局、公积金管理中心。剩余的工资数额作为缴纳个人所得税的纳税依据，最终的实发工资是剩余工资数额扣去个人所得税后的余额。

3.3.2 社保和公积金不缴纳个人所得税

根据上一节内容，可以分析得出，公司员工的社保和公积金这部分工资将不缴纳个人所得税。在实际操作过程中，先将社保和公积金从初始工资总额中扣去，剩余的工资数额才缴纳个人所得税。下面来看一个具体的案例，从中可以更加清楚地认识社保和公积金不缴纳个人所得税的规定。

小张是四川省某市一家食品生产公司的生产工人，已知公司人力资源统计出小张本人上一年度的月平均工资为 5 200 元，而公司所在地上一年度职工月最低工资标准为 1 380 元，上一年度职工月平均工资为 5 000 元。公司确定的员工公积金缴费比例为 10%。该员工缴存社保和公积金的相关分析如下。

1. 分析社保与公积金的缴费基数

小张上一年度月平均工资 5 200 元＞上一年度职工月平均工资的 60%，即 3 000 元。同时，月平均工资 5 200 元＜当地上一年度职工月平均工资的 300%，即 15 000 元。所以，其社保的缴费基数为上一年度个人月平均工资 5 200 元。然而，小张上一年度月平均工资 5 200 元＞当地上一年度职工最低工资标准 1 380 元，且未超过当地上一年度职工月平均工资的 300%，所以其公积金的缴存基数为小张本人上一年度月平均工资数额 5 200 元。

2. 核算小张社保和公积金的缴费及缴存数额

公司代扣代缴的社保数额 =5 200×（16%+10%+0.8%+0.4%+0.8%）=1 456（元）

员工个人缴纳的社保数额 =5 200×（8%+2%+0.2%）+3=533.4（元）

公司代扣代缴的公积金数额 =5 200×10%=520（元）

员工个人缴存的公积金数额 =5 200×10%=520（元）

3. 扣除社保和公积金数额后再计缴个人所得税

剩余工资总额 =5 200-（1 456+533.4）-（520+520）=2 170.6（元）

接着，公司再以员工的剩余工资总额与免征额相比，超过免征额的，对超过部分按相应的税率计缴个人所得税；未超过免征额的，不缴纳个人所得税。也就是说，员工的社保和公积金将在税前扣除。

3.3.3 单位为职工缴存的住房公积金怎么列支

"列支"是一个会计专业术语，是指把公司的"支出"项目计入（列入）成本费用。比如，不可税前列支的项目是公司交纳所得税并计算应纳税所得额时，不列支到成本费用中的项目，即不得扣除的项目。

公司为职工缴存的住房公积金有 3 种列支方式，具体根据单位的性质来区分。

①机关为职工缴存的住房公积金在预算中列支。

②事业单位由财政部门核定收支后，在预算或费用中列支。

③企业在成本中列支。

公司在利润的基础上缴纳企业所得税，即在缴税之前要将成本、费用从收入中扣减出来，此时就需要列支。

对公司来说，其为员工缴存的住房公积金属于"应付职工薪酬"会计科目，且在结转成本、费用时，会根据员工所在部门的不同而转入不同的成本费用类科目，从而在成本中为其列支，方便在税前进行扣除。

某公司 2018 年 8 月初，公司财务部和人力资源部均收到当地公积金管理中心核算出的每位员工的公积金缴存数额明细。其中，生产车间工人的公积金缴存数为 5 880 元，生产车间管理人员和辅助管理人员的公积金缴存数为 1 200 元，行政管理部门、人力资源部门、财务部及其他管理人员的公积金缴存数为 7 120 元，销售部门所有人员的公积金缴存数为 4 340 元。

因此，这些公积金在财务处理上分别对应地在生产成本、制造费用、管理费用和销售费用中列支。

3.3.4 人力资源要了解的养老保险 4 个层次

我国的养老保险由 4 个层次（或部分）组成，第一层是基本养老保险；第二层是企业补充养老保险；第三层是个人储蓄性养老保险；第四层是商业养老保险。

◆ 基本养老保险

基本养老保险保障离退休人员的基本生活，一般由国家、公司和个人三方共同承担，统一使用、支付。其享受的人数多，且时间较长。在我国，公司为员工购买的社保中，养老保险的部分一般只涉及基本养老保险。

◆ 企业补充养老保险

由国家宏观调控、公司内部决策执行的保险，又称企业年金，是指由公司根据自身经济承受能力，在参加基本养老保险的基础上，为提高员工的养老保险待遇水平而自愿为本公司员工所建立的一种辅助性养老保险。

该保险是一种企业行为，效益好的公司可多投保，效益差甚至亏损的公司可不投保。

◆ 个人储蓄性养老保险

员工个人储蓄性养老保险是由员工自愿参加、自愿选择经办机构的一种补充保险形式，其目的在于扩大养老保险的经费来源，多渠道筹集养老保险基金，减轻国家和公司的负担，增强员工的自我保障意识和参与社会保险的主动性。

◆ 商业养老保险

商业养老保险是以获得养老金为主要目的的长期人身险，是年金保险的一种特殊形式，又称退休金养老保险，是社会养老保险的补充。

3.3.5 社保中各保险的报销问题

社保中的基本养老保险在职工达到退休年龄时向相关机构申领，失业保险是劳动者在失业后向相关机构申领，医疗保险是在被保险人发生相关医疗费用时就立即报销。因此，这里介绍会涉及公司做账的生育保险和工伤保险的报销问题。

（1）生育保险的报销

凡是与用人单位建立了劳动关系的职工，包括男职工，都应参加生育保险。职工个人不缴存生育保险费，全部由用人单位按照国家规定进行缴存。

在报销时，男女职工均可以报销生育保险。大致的报销流程如图3-3所示。

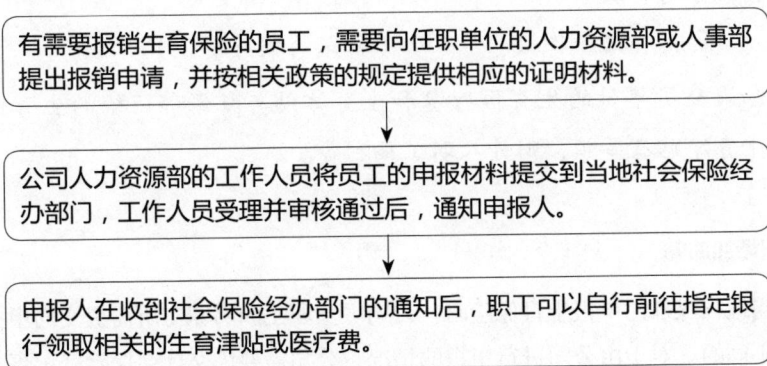

有需要报销生育保险的员工，需要向任职单位的人力资源部或人事部提出报销申请，并按相关政策的规定提供相应的证明材料。

公司人力资源部的工作人员将员工的申报材料提交到当地社会保险经办部门，工作人员受理并审核通过后，通知申报人。

申报人在收到社会保险经办部门的通知后，职工可以自行前往指定银行领取相关的生育津贴或医疗费。

图 3-3

员工都是自己先垫付生育医疗费，然后向公司申报，最后由社保部门支付生育医疗费和生育津贴，由公司发放。此过程中，公司要做如下所示的会计分录，记录该项经济业务的发生过程。

公司财务部收到社保部门支付的员工生育医疗费和生育津贴。

借：银行存款

　　贷：其他应付款——员工生育保险

公司向员工发放生育医疗费和生育津贴。

借：其他应付款——员工生育保险

　　贷：银行存款／库存现金

当然，还有些公司会先为员工垫付生育医疗费和生育津贴，再收到社保部门支付的生育医疗费和生育津贴，相关账务处理如下。

公司垫付员工的生育医疗费和生育津贴。

借：其他应收款——××（社保局相关单位）

　　贷：库存现金／银行存款

公司收到社保部门给的生育医疗费和生育津贴。

借：银行存款

　　贷：其他应收款——××（社保局相关单位）

如果公司垫付的生育医疗费和生育津贴与社保部门给的生育医疗费和生育津贴有差额，则计入职工福利费。

职场加油站

在向当地社保部门申报生育保险时，公司、女职工和男职工所需提交的申报材料是不同的。对于由公司进行申报的情况，公司需要提交社会保险登记表，参加基本养老、工伤和生育保险人员增减表，以及公司职工基本养老、工伤和生育保险申报汇总表。

（2）工伤保险的报销

当公司员工发生工伤时，应立即向公司报告，公司按照流程帮员工报销工伤保险。如图 3-4 所示的为一般的工伤保险的报销流程。

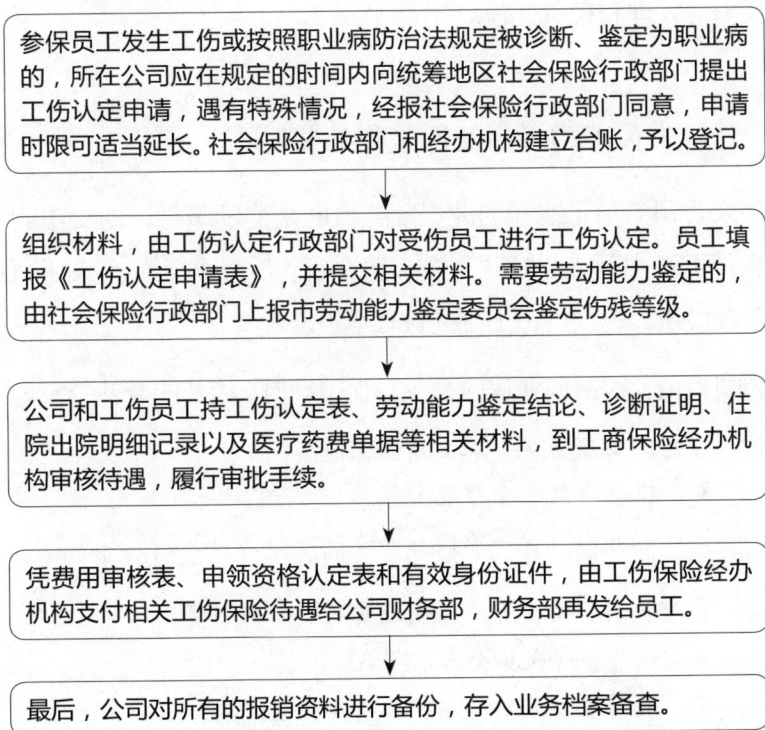

参保员工发生工伤或按照职业病防治法规定被诊断、鉴定为职业病的，所在公司应在规定的时间内向统筹地区社会保险行政部门提出工伤认定申请，遇有特殊情况，经报社会保险行政部门同意，申请时限可适当延长。社会保险行政部门和经办机构建立台账，予以登记。

↓

组织材料，由工伤认定行政部门对受伤员工进行工伤认定。员工填报《工伤认定申请表》，并提交相关材料。需要劳动能力鉴定的，由社会保险行政部门上报市劳动能力鉴定委员会鉴定伤残等级。

↓

公司和工伤员工持工伤认定表、劳动能力鉴定结论、诊断证明、住院出院明细记录以及医疗药费单据等相关材料，到工商保险经办机构审核待遇，履行审批手续。

↓

凭费用审核表、申领资格认定表和有效身份证件，由工伤保险经办机构支付相关工伤保险待遇给公司财务部，财务部再发给员工。

↓

最后，公司对所有的报销资料进行备份，存入业务档案备查。

图 3-4

员工报销工伤保险时，公司的账务处理与报销生育保险的账务不利类似，也要区分公司是否垫付。

3.4 公司为员工购买商业保险的财务知识

商业保险由专门的保险公司经营，当公司按照自身的内部议事规则，经过董事会或经理（厂长）办公会决议，改革内部分配制度，在实际发放工资和社会保险统筹之外，为职工购买商业保险的，会涉及相应的财务处理和税务处理。

3.4.1 公司为员工购买商业保险作为奖励

如果公司为员工购买商业保险，目的是奖励员工，则支出的资金应在应付工资中列支，按"工资、薪金所得"项目计征个人所得税，公司负责代缴，税款由员工个人进行承担。

公司为员工购买商业保险并支付保险费时，涉及的会计分录如下。

借：应付职工薪酬——职工商业保险
　　贷：银行存款／库存现金等

将购买的商业保险作为奖励给员工时，涉及的会计分录如下。

借：管理费用／销售费用／制造费用——福利费
　　应交税费——代扣个人所得税
　　贷：应付职工薪酬——职工商业保险

根据《企业所得税实施条例》的相关规定可知，除企业依照国家有关规定为特殊工种职工支付的人身安全保险费和国务院财政、税务主管部门规定可以扣除的其他商业保险费外，企业为投资者或职工支付的商业保险，不得税前扣除。

某公司为其内部员工购买了商业保险，作为奖励，类似于"六险一金"。购买时，人力资源部相关经办人与保险公司签订了合同，总的保险费共 15 300 元（暂不考虑个人所得税）。此过程中，财会人员要做好账务处理，具体如下。

①公司为员工购买商业保险并支付保险费。

借：应付职工薪酬——职工保险　　　　　　15 300

  贷：库存现金 / 银行存款等   15 300

②每月计提时，将商业保险费归入对应的费用类科目。

借：管理费用——福利费   15 300

  贷：应付职工薪酬——职工保险   15 300

在上述案例的②步骤中，如果是为管理人员、财务人员、人力资源部人员和行政人员等购买的商业保险，则记为"管理费用——福利费"会计科目；如果是为生产车间管理人员购买的商业保险，则记为"制造费用——福利费"会计科目；如果是为销售人员购买的商业保险，则记为"销售费用——福利费"会计科目。

3.4.2 公司为员工购买商业保险作为福利

如果公司为员工购买商业保险是作为员工的福利，则支出的资金从结余的应付福利费中列支，但不得因此导致应付福利费发生赤字。此种情况下，商业保险费用不用缴纳个人所得税。

公司为员工购买商业保险并支付保险费时，涉及的会计分录如下。

借：应付职工薪酬——非货币性福利——商业保险

  贷：银行存款 / 库存现金等

将购买的商业保险作为福利给员工时，涉及的会计分录如下。

借：销售费用 / 管理费用 / 制造费用

  贷：应付职工薪酬——非货币性福利——商业保险

根据相关规定可知，公司为员工购买的商业保险用作福利的，可以在税前扣除 14% 的工资金额，但是，超过工资金额 14% 的福利费将不能在税前扣除。另外，税前扣除的操作要在年终汇算清缴时进行，从而核算统计出需要缴纳企业所得税的商业保险金额。

以上一节内容的案例为例，如果该公司为其内部员工购买的商业保险作为福利，总的保险费为 15 300 元（不交个人所得税），则相关的账务处理如下。

①公司为员工购买商业保险并支付保险费。

借：应付职工薪酬——非货币性福利——商业保险　　15 300

　　贷：库存现金/银行存款等　　　　　　　　　　　　　 15 300

②每月计提时，将商业保险费归入对应的费用科目。

借：管理费用　　　　　　　　　　　　　　　　　　 15 300

　　贷：应付职工薪酬——非货币性福利——商业保险　　15 300

同理，在上述案例中，如果公司是为管理人员、财务人员、人力资源部人员和行政人员等购买的商业保险，则记为"管理费用"会计科目；如果是为生产车间管理人员购买的商业保险，则记为"制造费用"会计科目；如果是为销售人员购买的商业保险，则记为"销售费用"会计科目。

凭证

账簿

报表

工资

员工岗位

社保

个人所得税

人力资源成本

年终奖

补贴

人力资源投资

公积金

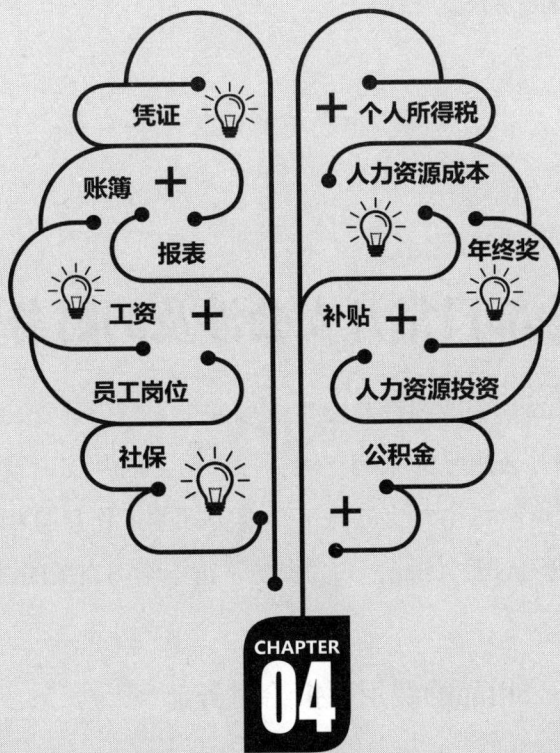

日常开支与各种补贴对财务的影响

　　在公司经营管理过程中，人力资源除了要清楚员工工资、社保和公积金等大项开支外，还会接触一些小项的日常开支和各种补贴，如采购办公用品的支出、组织招聘的资金耗费、员工培训费支出、出差借款以及交通费补贴等。这些也都与公司的财务密切相关，人力资源有必要了解其中的财务知识和财务问题。

4.1

人力资源部日常开支会涉及的财务知识

公司内部的各个部门都会发生或多或少的日常开支，人力资源部也不例外，如办公用品的采购支出、招聘员工的开支以及新员工的培训费支出等。这些日常开支的账务与财务部的工作息息相关，直接影响着公司的财务状况。因此，人力资源不得不学习有关的财务知识。

4.1.1 采购办公用品的费用要报给财务部

一般来说，有行政部的公司，其内部办公用品的统一管理工作由该部门负责。但有些公司没有区分人力资源部和行政部，这项管理工作就由人力资源部负责。如下所示的是采购办公用品的流程。

第一步：提出购买申请。由需要购置办公用品的部门或人员填写《办公用品购置申请表》，交给人力资源部或行政部。

第二步：汇总审批并实施采购。人力资源工作人员或行政部员工进行申请单的汇总和金额估算，人力资源部经理或行政部经理审批通过后安排指定人员（如行政助理）进行采购，或由采购部负责采购。

第三步：入库登记。人力资源部或行政部对采购物品进行验收登记，对不符合要求的，由采购人员负责办理退换货处理。

第四步：费用报销或支付。采购人员将购货发票和清单报人力资源部经理或行政部经理签字确认，再交由财务部进行审核，同时填写《费用报销审批单》，审核无误后由出纳负责支付或结算，人力资源部或行政部事先垫付费用的，向财务部申请报销。如图 4-1 和 4-2 所示的分别是某公司某月的《办公用品采购清单》（简单）和《费用报销审批单》模板。

办公用品采购清单

制表日期：2018 年 7 月 14 日　　　　2018 年 7 月　　　　制表人：张惠

规格品名	单位	数量	单价	金额
杯托	个	12	0.4	4.8
纸杯	包	2	5	10
文件架	个	1	15	15
文件夹	个	2	5	10
资料夹（30页）	个	3	6	18
资料夹（40页）	个	3	7	21
垫板	个	2	1.3	2.6
印油	瓶	2	2.8	5.6
记事本	本	3	4	12
笔芯（大容量）	支	20	0.8	16
中性笔	支	24	1.5	36
白板笔	支	3	2.5	7.5
口取纸	包	2	2.5	5
剪子	把	1	6	6
会计科目章	套	1	15	15
加厚订书机	个	1	38	38
回形针	盒	2	1	2
明细账账皮	套	8	6	48
合计	—	92	—	272.5

图 4-1

费用报销审批单

报销部门：　　　　　　　　　年　月　日填　　　　　单据及附件共＿＿＿页

用　途	金额（元）	备注	
		领导审批	
合　计			

金额大写：佰　拾　万　仟　佰　拾　元　角　分　原借款：　　　元　　应退余款：　　　元

会计主管　　　　复核　　　　出纳　　　　报销人　　　　领款人

图 4-2

　　财务部会根据人力资源部或行政部提供的办公用品采购清单、购货发票和《费用报销审批单》等凭证，将采购费用登记入账，确认为管理费用。

4.1.2 采购收到的发票要及时交给财务部

　　通过对上一小节内容的学习可知，公司人力资源部或行政部组织的办公用品采购工作会涉及各用品的采购发票。当向财务部申请费用报销或申请货款结算时，要将这些发票一并提交给财务部，财务部要用其与采购清单进行对比核查。如图 4-3 所示的是某公司购买 A3、A4 纸收到的增值税普通发票。

四川增值税普通发票								
	发　票　联					开票日期：2018年7月24日		
购买方	名称：　××有限公司 纳税人识别号：××××× 地址、电话：028-××××× 开户行及账号：		密码区					
货物或应税劳务、服务名称	规格型号	单位	数量	单价	金额	税率	税额	
A3纸、A4纸		箱	2	125	250	3%	7.5	
合　　计			2	—	250		7.5	
价税合计（大写）	贰佰伍拾柒元零伍角				（小写）¥257.50			
销售方	名称：　××零售店 纳税人识别号：××××× 地址、电话：028-××××× 开户行及账号：		备注					
复核：　××		开票人：　××				销售方：　××		

图 4-3

　　需要人力资源工作人员注意的是，采购的办公用品都会涉及增值税，具体的税率和税额根据发票上的数据为准。

　　如果办公用品是由公司的采购部门负责采购，则采购人员先要将所有办公用品的采购发票随办公用品一起交给人力资源部或行政部，相关人员核对物品数量、质量以及发票的数量，无误后再将这些采购发票提交给财务部。

为了方便财会人员记账，同时简化发票的保管工作，组织并实施采购工作的部门应在最初时要求同一家办公用品供应商开具一张发票，发票上注明所有商品的名称、规格型号、单位、数量、单价、金额、税率和税额等信息。如图 4-4 所示的是某公司在同一家办公用品店购买商品时收到的增值税发票。

四川增值税普通发票

	发 票 联				开票日期：2018年7月24日			

购买方	名称：××有限公司 纳税人识别号：××××× 地址、电话：028-××××× 开户行及账号：		密码区					
货物或应税劳务、服务名称		规格型号	单位	数量	单价	金额	税率	税额
A3纸、A4纸			箱	2	125	250	3%	7.5
中性笔			支	24	1.5	36	3%	1.08
会计科目章			套	1	15	15	3%	0.45
口取纸			包	2	2.5	5	3%	0.15
回形针			盒	2	1	2	3%	0.06
明细账账皮			套	8	6	48	3%	1.44
合 计				39		356		10.68
价税合计（大写）		叁佰陆拾陆元陆角陆分			（小写）¥366.68			
销售方	名称：××零售店 纳税人识别号：××××× 地址、电话：028-××××× 开户行及账号：		备注					
复核：××		开票人：××				销售方：××		

图 4-4

这样一来，财会人员在登记"管理费用"会计科目的明细账时就可以供应商为二级明细科目进行明细登记。

4.1.3 招聘消耗的经费可事前申请或事后报销

公司的发展离不开人才，人才的得来要依赖"招聘"这一举措。对公司来说，招聘工作是阶段性的，每个阶段又会持续一段时间，在这段时间内，必然会消耗一些资金，用于组织和安排招聘工作。

（1）招聘使用的经费在事前申请

在做了详细招聘工作计划的情况下，人力资源部有足够的时间预估招聘活动需要的资金数额，然后在招聘工作开展之前就向公司财务部申请发放经费。

人力资源在预估招聘活动需要的经费时，要从招聘途径、招聘流程和面试过程等方面考虑会涉及的资金需求，将所有可能的招聘费用统计到一张表格中，或制成招聘费用计划书，递交给本部门的经理审核签字。如图 4-5 所示的是某公司的招聘计划及费用预算表。

××年度招聘计划及费用预算表

一、招聘目的	通过招聘的开发与管理，为各部门提供招聘工作的流程和依据，建立良好的人才选用机制，满足公司发展对岗位人才的需要。						
二、招聘方法/渠道	内部招聘：□内部调动	□岗位轮换	□内部推荐	□公司网站		□内部微信	
	外部招聘：□网络媒体	□橱窗广告	□小区广告	□现场招聘会		□校园招聘	□厂区横幅
三、年度招聘费用预算总计=	元/年						
四、年度公司人员编制定额（人）				目前人员配置额（人）			
五、年度公司各部门岗位设置、人员配置规划				六、招聘实施预算明细			
岗位名称	定编人数	现有人数	申报人数	核定人数	招聘渠道	预算费用	备注
综篡部经办人：		分管领导审核：			总经理审批：		

图 4-5

当招聘活动的经费预算经过相关负责人签字确认后，即可填写总的费用申请表。费用申请表经过人力资源部的经理签字审核，有时需要总经理签字审批，然后将申请表递交给财务部，财务部相关负责人审核确认无误后，即可将招聘工作所需的经费发放给人力资源部。

有些公司在制作招聘费用申请表时，会将所有的费用支出项综合到一张表格中，而有些公司会根据不同的招聘途径，分别制作费用申请表。如图 4-6 所示的是某公司制作的现场招聘费用申请表。

现场招聘费用申请表

申请日期： 年 月 日

申请部门	行政人事部	渠道名称	××人才市场
申请费用	月卡 1500 元（不限次数）周一至周六下午针对营销专场	人员需求	

申请原因

尊敬的公司领导：

您好！

我是行政人事部负责招聘工作的××，目前人员招聘工作是人事工作的重点。但合适的人才迟招聘不到位，颇为着急。

经过与市场部和其他部门领导讨论，决定采取现场招聘的方式，收集相关资料对各大人才市场进行对比，目前已确定一家人才市场，收费情况如下：

招聘名称	时间	收费标准	招聘会类型	近期招聘会	联系方式
××人才市场	周一至周六 13:30～16:30（针对营销专场）	500 元/场 月卡 1500 元（不限次数）	每日下午都是针对营销专场	每日下午（周三之前人流量较多）	×××

望请领导批示！

申请人		部门负责人签字		总经理签字	

图 4-6

除此之外，人力资源在向财务部申请招聘用的经费时，还会填写借款单。根据各个公司的具体规定，可能是借支单，也可能是费用申请单。如图 4-7 所示的是一种常见的借款单样式。

借 款 单

№

日期： 年 月 日

部 门		姓名	
借款事由			
借款金额			
预计还款报销日期		¥	
审批意见		借款人	

发据单位盖章　　　　　会计：　　　　　出纳：

①存根（白）②收据（红）③记录（其）

图 4-7

（2）招聘使用的经费在事后报销

在长期发展过程中，公司难免会遇到紧急的招聘任务，此时便没有办法制定详细的招聘工作计划，对所需经费的预算也来不及做。大多数人力资源在遇到这种情况时，都是先垫付费用，招聘工作完成后，再向财务部申请报销。

在报销时，报销人员需要填写费用报销单，同时提交所有与招聘工作相关的原始票据，供财务人员审核。如图 4-8 所示的是常见的费用报销单样式。

费 用 报 销 单　　　　No.

| 报销部门： | 日期： 年 月 日 | | | | | | | | 单据及附件共____页 |

报销项目	摘　要	金额								备
		十	万	千	百	十	元	角	分	注
										领 导 审 批
	合　计									
金额大写：		原借款：　　元								应退（补）款：　　元
发据单位盖章　会计：		出纳：								报销人：

图 4-8

财会人员会根据人力资源部提交的与招聘工作相关的经费支出票据，以及费用申请表或费用报销单等凭证，登记入账，将招聘工作中使用的资金确认为管理费用，以"管理费用"会计科目进行核算。

4.1.4 人力资源部发生的员工培训费需要列支统计

为了提高员工的工作技能，拓展与工作相关的知识，公司会定期或不定期地组织员工参加各种培训。很显然，这就会产生培训费。一般来说，公司将员工培训费确认为职工教育经费，在"应付职工薪酬"这一一级会计科目下核算。

因为员工培训费会影响公司的计入损益，所以在实际做账时，还需要将该笔费用通过费用类科目核算。

①计提员工培训费，用影响损益的费用类科目。

借：管理费用

　　贷：应付职工薪酬——职工教育经费

②财务部发放职工培训费，用库存现金或银行存款支付。

借：应付职工薪酬——职工教育经费

　　贷：库存现金 / 银行存款

需要人力资源加深认识的是，职工教育经费不等于职工培训费，但是职工教育经费主要用于职工培训。从范围上来看，职工培训费只是职工教育经费中的一部分，如下所示的是职工教育经费的列支范围。

- 员工上岗和转岗培训。
- 各类岗位适应性培训。
- 岗位培训、职业技术等级培训、高技能人才培训。
- 专业技术人员的继续教育。
- 特种作业人员培训。
- 企业组织的职工外送培训的经费支出。
- 职工参加的职业技能鉴定、职业资格认证等经费支出。
- 公司购置教学设备和设施等经费支出。
- 职工岗位自学成材的奖励费用。
- 职工教育培训的管理费用。
- 有关职工教育的其他开支，如车旅费、途中就餐费和住宿费等。

因此，为了在做账时更明确培训费是否属于职工教育经费，需要对其进行详细的列支。

4.2
给员工的各种补贴要进行分类处理

公司的人力资源部除了要负责员工的工资、社保、公积金和日常开支等统计工作，还要对员工的各种补贴事宜进行管理。人力资源要明白，不同的补贴在财务上会确认为不同的费用，因此很有必要了解其中的门道。

4.2.1 不同形式的高温补贴确认时有所不同

不同的公司，给予员工的高温补贴（也称高温津贴）的形式会有不同，有些直接发放现金补贴，有些发放礼品，有些组织避暑活动。

作为人力资源要知道，对财会人员来说，形式不同的高温补贴，其账务处理会不同。

（1）现金补贴形式的高温补贴

公司在高温季节向每位员工发放一定数额的现金作为高温补贴，财会人员会将这部分开支直接计入职工薪酬。

由于夏日高温，辽宁某钢厂公司给每位员工发放了 500 元的高温津贴。其中生产工人 62 人、8 位车间管理人员、10 位厂部管理人员、20 位销售人员。相关核算处理和账务处理如下。

生产工人的高温津贴总额 $=62 \times 500=31\ 000$（元）

车间管理人员的高温津贴总额 $=8 \times 500=4\ 000$（元）

厂部管理人员的高温津贴总额 =10×500=5 000（元）

销售人员的高温津贴总额 =20×500=10 000（元）

①确认所有员工的高温津贴时的会计分录。

借：生产成本	31 000
制造费用	4 000
管理费用	5 000
销售费用	10 000
贷：应付职工薪酬——工资——高温津贴	50 000

②给所有员工发放高温津贴时的会计分录。

借：应付职工薪酬——工资——高温津贴	50 000
贷：银行存款	50 000

该案例中的高温补贴是符合规定发放的高温津贴，因为津贴属于"工资、薪金"所得内容之一，按照国家规定需要缴纳个人所得税。同时，所有津贴支出可以全额税前扣除。

如果公司发放的高温补贴是以"福利"为名义，则账务处理又会不同，比如公司发放的是防暑降温费，而不是规定的高温津贴。

借：生产成本	31 000
制造费用	4 000
管理费用	5 000
销售费用	10 000
贷：应付职工薪酬——职工福利	50 000
借：应付职工薪酬——职工福利	50 000
贷：银行存款	50 000

此时的防暑降温费属于不能免征个人所得税的福利费，会并入员工工资计征个人所得税。

（2）发放实物形式的高温补贴

有些公司不向员工直接发放现金作为高温补贴，而是以发放清凉饮料、保健用品或夏季用品等实物的形式给予高温补贴。此种方式的高温补贴一般作为员工福利核算。

比如，在上述案例中的公司，外购100张降温垫，收到票面金额为10 000元、增值税进项税额为1 300元的增值税专用发票，次月该发票进行了认证抵扣，并以防温降暑补贴的名义发给了所有员工，进项税额未转出。此时财会人员要做的账务处理如下。

①公司购进降温垫时的会计分录。

借：库存商品　　　　　　　　　　　　　　　　　10 000

　　应交税费——应交增值税（进项税额）　　　　1 300

　　贷：银行存款　　　　　　　　　　　　　　　　　11 300

②公司将降温垫发给所有员工时，根据增值税的相关规定，外购货物用于集体福利的，其进项税额不得从销项税额中扣除，因此需要将已经认证抵扣的进项税额进行转出处理，会计分录如下。

借：应付职工薪酬——非货币性福利　　　　　　11 300

　　贷：库存商品　　　　　　　　　　　　　　　　　10 000

　　　　应交税费——应交增值税（进项税额转出）　1 300

虽然该公司发放的实物高温补贴视同销售，且按照货物的公允价值确认销售收入，但是，该业务不符合会计收入的确认原则，在会计上不确认收入，所以只在所得税汇算清缴时做视同销售收入的纳税调增，并调整视同销售成本。

人力资源要牢记，作为福利发放的高温补贴，其福利费总额不超过工资薪金总额14%的部分是可以税前扣除的，超过部分不予扣除。同时还要清楚，以实物形式发放高温补贴的，涉及的福利所得不属于免征个人所得税的福利费项目，因此需要并入员工的"工资、薪金"所得计征个人所得税。

职场加油站

增值税进项税额是指纳税人购进货物、加工修理修配劳务、服务、无形资产或不动产，支付或负担的增值税额。

（3）组织避暑活动

有些公司既不向员工发放现金形式的高温补贴，也不发放实物形式的高温福利，而是直接组织公司所有员工进行避暑活动。此时财会人员要处理的账务又有不同。

比如前述案例中的公司，其利用周末时间安排公司全体员工到××避暑山庄避暑，期间取得酒店开具的增值税专用发票和餐饮服务的增值税普通发票。过后将专用发票全部进行了认证抵扣，并将这些费用列入职工福利费。相关的会计分录如下。

借：生产成本／制造费用／管理费用／销售费用
　　贷：应付职工薪酬——职工福利

其中，生产成本是所有生产工人对应的高温避暑费用，制造费用是所有生产管理人员对应的高温避暑费用，管理费用是其他管理人员和工作人员对应的高温避暑费用，销售费用是销售人员对应的高温避暑费用。

虽然这种形式的高温补贴也计入员工的福利费中，但不同的是，这里的福利费不用并入员工工资缴纳个人所得税。而在该种情形下，部分公司将发生的避暑费用列支在会议费和培训费中，目的是进行税前扣除，这种做法是不正确的。因为能够在税前扣除的会议费、培训费等必须属于职工教育经费的列支范围，否则不能税前扣除。

4.2.2 统计出的上下班交通补贴属于职工福利

一般来说，很多公司会以现金的形式将上下班交通补贴并入员工的工资中，一起发放，这就属于职工福利，与工资、薪金一起计征个人所得税。对公司财会人员来说，上下班交通补贴应通过"应付职工薪酬"会计科目核算。

根据国家税务总局关于公司工资薪金及职工福利费的扣除问题的规定可知，此类交通补贴是福利费的范围，可以在企业所得税税前扣除。需要人力资源注意的是，已经并入员工工资总额的交通补贴，不再纳入职工福利费管理。此时涉及的会计科目为"应付职工薪酬——职工福利"。

一些公司没有提供交通补贴，但提供了上下班接送员工的专用车。如果该车发生加油费、洗车费等费用，财会人员会将这些费用统一计入"管理费用——福利费"会计科目进行列支。

有些公司没有专门接送员工的车，而是租车用于员工上下班接送，此时财会人员会通过"管理费用——交通费"会计科目核算。

还有一些公司既没有上下班接送专用车，也没有租车接送，而是要求员工凭加油小票实报实销。这种做法很可能在税务稽查中被要求员工缴纳个人所得税。因此，公司可在员工手册或相关规定性文件中明确，员工可以以实报实销形式获得交通补贴，这样不仅可以免缴个人所得税，还能作为相关成本费用中的交通费在所得税税前扣除，如"管理费用——交通费"会计科目。

4.2.3 员工的电话费补贴也计入职工福利

某些公司的业务性质决定了有些员工需要花费一些通讯费来达到联络客户的目的，此时的通讯费是公司经营管理过程中必需的，所以公司会对有这样需求的员工提供电话费补贴，即通讯费补贴。

在实际工作中，主要有两种方式来体现这一补贴福利：一是固定地与工资一起发放电话费补贴，二是凭发票实报实销通讯费。两者在财务处理和税务处理上有所不同。

（1）与工资一起发放的电话费补贴

与工资一起发放的电话费补贴的处理方式下，财会人员会将电话费补贴分不同部门的员工进行核算，计入生产成本、制造费用、管理费用和销售费用等损益类科目。具体会计分录如下。

借：生产成本 / 制造费用 / 管理费用 / 销售费用
　　贷：应付职工薪酬——通讯费补贴
借：应付职工薪酬——通信费补贴
　　贷：银行存款 / 库存现金

其中，生产成本是生产工人对应的电话费补贴，制造费用是生产管理人员对应的电话费补贴，管理费用是公司其他管理人员对应的电话费补贴，销售费用是销售人员对应的电话费补贴。

这种处理方式下，电话费补贴将合并计入员工的工资，一起计征个人所得税。同时，无论是哪个部门的员工，其对应的电话费补贴均可全额税前扣除。

（2）凭发票报销电话费的方式

凭发票报销电话费的方式下又有两种处理方法：一是直接计入期

间费用，二是计入福利费。

◆ 直接计入期间费用

这种处理方法要求员工报销的电话费用于与员工、客户等进行工作沟通，为了公司生产经营而发生，且发票是公司抬头。财会人员在处理时涉及的会计分录如下。

借：管理费用 / 销售费用等——通信费
　　贷：库存现金 / 银行存款

若员工实报实销的电话费计入期间费用，则无需缴纳个人所得税，且发生的所有电话费可全额税前扣除。

◆ 计入职工福利费

这种处理方法没有特殊要求，是比较常规的处理办法。它需要财会人员先将电话费确认为员工福利，再将其归入损益类的费用科目。相关的会计分录如下。

借：管理费用 / 销售费用等——福利费
　　贷：应付职工薪酬——职工福利费——通讯费
借：应付职工薪酬——职工福利费——通讯费
　　贷：库存现金 / 银行存款

若员工实报实销的电话费计入员工福利费，则无需缴纳个人所得税，但是，因为福利费的税前扣除有上限标准，所以并不是所有的电话费补贴都可以税前扣除，即不超过工资薪金总额 14% 的部分才准予税前扣除，超过工资薪金总额 14% 的部分不予扣除。

4.2.4 冬季取暖补贴根据员工性质不同做区别处理

我们常说的取暖费、供暖补助等均指冬季取暖补贴，由单位承担，即有取暖设备的, 给予免交取暖费, 相当于取暖补贴; 没有取暖设备的, 发给员工相应的补贴, 同时列入成本, 由公司的人力资源部负责造册。

公司给予员工的取暖补贴一般跟随员工工资一起发放, 同时确认为福利费, 相关的账务处理有两个环节。

①计提各员工的取暖补贴。

借: 管理费用 / 制造费用等——福利费

　　贷: 应付职工薪酬——职工福利费——取暖补贴

②支付各员工的取暖补贴。

借: 应付职工薪酬——职工福利费——取暖补贴

　　贷: 银行存款 / 库存现金

根据《个人所得税法》的相关规定, 按照国家统一规定发给的补贴、津贴及福利费、抚恤金、救济金等免纳个人所得税。同时,《个人所得税法实施条例》又规定, 按照国家统一规定发给的补贴、津贴是指按照国务院规定发给的政府特殊津贴、院士津贴、资深院士津贴以及国务院规定免纳个人所得税的其他补贴、津贴; 福利费是指根据国家有关规定, 从企业、事业单位、国家机关、社会团体提留的福利费或工会经费中支付给个人的生活补助费。

由此可知, 一般的公司职工取暖补贴属于企业所得税福利费的范围, 允许在规定范围内进行税前扣除, 即工资总额的 14% 的范围内可列支进行税前扣除。而在个人所得税中, 取暖补贴不属于免缴个人所得税的项目, 应并入当月发放的工资、薪金所得, 一起计征个人所得税。

4.2.5 职工福利费要适当, 否则不予税前扣除

前述内容涉及的员工高温补贴、上下班交通补贴、电话费补贴和

取暖补贴等各项福利，均属于职工福利费的范围，公司有权根据自身的经营状况决定是否发放这些补贴，或者只发放其中部分补贴，因此，这些补贴不具有法律强制性。

也就是说，如果用人单位和职工之间关于这些补贴福利没有进行约定，则职工无权要求用人单位支付相关补贴，且此类争议不属于劳动争议的受理范围。

而如果公司因为自身发展状况好，给员工提供了这些补贴待遇，则公司的财会人员在对这些补贴福利进行财务和税务处理时，一定要牢记14%这一限制。

公司发生的、能够在职工福利费中列支的费用，只有不超过工资薪金总额14%的部分可以进行税前扣除，超过工资、薪金总额14%的福利费将不予税前扣除。

换句话说，如果公司想要以提高职工福利费来减少企业所得税的缴纳，并不是福利费越高好，超过了限度同样不能为公司减轻企业所得税负担。

4.3
人力资源部其他事务涉及的财务问题

除了核算统计公司所有员工工资、社保、公积金和补贴福利等工作外，人力资源部的其他一些工作也会涉及财务问题，如人力资源部员工的出差借款与费用报销、公司辞退员工的经济补偿事宜等，这些也都需要人力资源了解才能办理。

4.3.1 出差借款要向财务部提交申请

无论是人力资源部的员工要申请出差借款，还是公司其他部门要申请出差借款，均需要向财务部提交借款申请。在提交申请时，借款人要填写《借款单》，并按照规定的流程办理出差借款手续。如图 4-9 所示的是公司员工因公出差的一般借款流程。

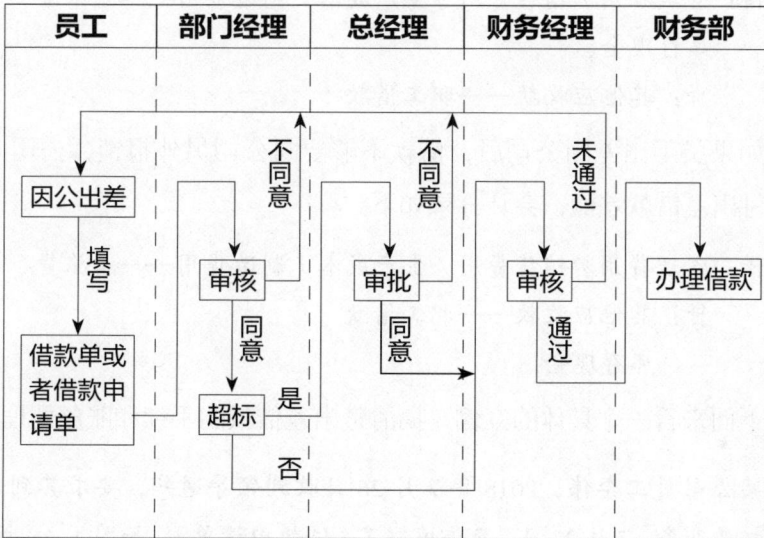

图 4-9

人力资源要了解，公司员工提出出差借款申请后，等待部门经理、总经理、财务经理和财务部的审核、审批，最终通过审核的，财务部将办理借款手续，同时将借款支付给出差员工，并编制如下会计分录。

借：其他应收款——职工借款

贷：库存现金

员工出差回公司后，如果差旅费刚刚好，则要根据不同部门来划分费用，如管理人员和其他管理部门的出差借款确认为管理费用，销售部门员工的出差借款确认为销售费用，生产工人的出差借款确认为生产成本，生产管理人员的出差借款确认为制造费用，会计分录如下。

借：管理费用 / 销售费用 / 生产成本 / 制造费用——差旅费

贷：其他应收款——职工借款

如果员工出差回公司后，借款没有用完，则需要将剩余的借款归还给公司，会计分录如下。

借：管理费用 / 销售费用 / 生产成本 / 制造费用——差旅费

库存现金

贷：其他应收款——职工借款

如果员工出差回公司后，借款不够要向公司另外报销，公司向员工支付出差借款差额，会计分录如下。

借：管理费用 / 销售费用 / 生产成本 / 制造费用——差旅费

贷：其他应收款——职工借款

库存现金

下面来看一个具体的案例，搞清楚出差借款的手续和账务处理。

某公司员工李伟，2018 年 7 月 26 日收到领导通知，要求其到外地出差拓展业务。7 月 27 日，李伟填写了《借款申请单》，如图 4-10 所示。

借款申请单

借款日期：	2018 年 7 月 27 日		借款编号：					
借款部门	销售部		借款人	李伟				
借款原因	出差见客户，拓展公司业务							
借款金额（大写）	伍仟 零佰 零拾 零元			万	仟	佰	拾	元
					5	0	0	0
部门负责人意见		总经理批示		财务主管意见				
同意								
2018 年 7 月 27 日		2018 年 7 月 27 日		2018 年 7 月 27 日				
预定还款日期	2018 年 8 月 3 日	借款人签名		李伟				
会计（签章）	公司会计签字	出纳（签章）	公司出纳签字					

第二联：付款凭证

图 4-10

公司财会人员根据借款申请单的记账联登记记账凭证，会计分录如下。

借：其他应收款——职工借款　　　　　　　5 000

　　贷：库存现金　　　　　　　　　　　　　　　5 000

李伟在 8 月 3 日完成出差工作并回到公司，出差借款剩余 200 元，他将这 200 元交给公司出纳小秦，并将出差期间的各种费用票据提交给财务部，财会人员根据票据登记记账凭证，会计分录如下。

借：销售费用——差旅费　　　　　　　　　4 800

　　库存现金　　　　　　　　　　　　　　　200

　　贷：其他应收款——职工借款　　　　　　　5 000

这里的"销售费用——差旅费"会计科目之所以为 4 800 元，是指李伟在出差期间实际发生的出差费用，财会人员在做账时要以实际发生的费用入账，剩余的借款 200 元充入公司的库存现金。

4.3.2 出差花费可以先垫付再报销

公司员工难免会遇到突然出差的情况，此时员工来不及向公司申请出差借款，只能在出差过程中自己先垫付出差费用，回到公司后再向财务部报销。

员工向公司财务部报销出差费用时，不仅要提供各种费用票据，还要填写报销单。很多公司会在《费用报销单》之外另行制作《差旅费报销单》，用于详细记录员工出差的具体时间、具体地点、每段时间的出差人数和途中时间、各种补贴的详细情况、各种费用的票据张数和报销金额以及审核张数和审核金额等信息。

如图 4-11 所示的是某公司的《差旅费报销单》样式。

差 旅 费 报 销 单

报销部门：　　　　　　　　　　　　　　　　　　　　　　　　　　　　年 月 日

姓名		职　别			出差事由						
出差地点	日　期	区　间	人数	天数	其中：途中天数	局内/局外	补贴项目	人数	天数	标准	金额
	月 日－ 月 日	－					伙食补贴				
	月 日－ 月 日	－					交通费补贴				
	月 日－ 月 日	－					司机出车补贴				
	月 日－ 月 日	－					未卧补贴				
	月 日－ 月 日	－					小　计				

项　目	报销数		审核数		说明：
	单据张数	报销金额	单据张数	审核金额	
住 宿 费					
车 船 票					主（分）管领导审批：
飞 机 票					
小计					

合计金额大写：　　　　　　　　　　　　　　　　　　　　　　　合计金额小写：

单位盖章　　　　　会计：　　　　　　　出纳：　　　　　　　报销人：

图 4-11

　　无论是人力资源员工，还是公司其他员工，在报销出差费用时要将票据按规定标准粘贴在《差旅费报销单》的背面。

　　人力资源要知道，此种情况下财会人员只需在员工申请报销出差费用时登记记账凭证，与办理出差借款相比，会少一些工作。当财会人员审核出差员工的差旅费单据和报销单并确认无误后，通知出纳向员工支付差旅费，同时登记记账凭证。相关的会计分录如下。

借：管理费用／销售费用／生产成本／制造费用——差旅费
　　贷：库存现金

　　以 4.3.1 中的案例为例，来看看员工出差先垫付出差费用后回公司报销的账务处理。

　　公司员工李伟，2018 年 7 月 30 日收到领导通知，要求其当天出发到外地出差拓展业务。李伟来不及向公司申请借款，于是只能先出差并垫付相关费用。8 月 3 日，李伟完成出差任务回到公司，向财务部提出出差费用报销申请，同时填写了《差旅费报销单》，并提交了出差期间产生的所有费用票据，总计金额 4 800 元。

　　财会人员对票据和《差旅费报销单》进行审核，无误后通知出纳向李伟支付差旅费，同时登记记账凭证。会计分录如下所示。

　　借：销售费用——差旅费　　　　　　　　　　　4 800
　　　　贷：库存现金　　　　　　　　　　　　　　　　4 800

　　人力资源可能不知道，通知出纳向员工支付差旅费时，不仅财会人员需登记记账凭证，出纳员也要登记现金日记账或银行存款日记账。

　　不仅是差旅费报销，所有需要出纳员支付或收取现金与银行存款的业务发生时，出纳员都要登记现金日记账或银行存款日记账。

4.3.3　辞退员工的经济补偿应先核算为工资

　　公司辞退员工的经济补偿通常称为经济补偿金，它是在劳动合同解除或终止后，用人单位依法一次性支付给劳动者经济上的补助。

　　公司辞退员工所支付的经济补偿金属于辞退福利，应先进入"应付职工薪酬——辞退福利"会计科目进行核算，再分配进入管理费用。两个阶段的账务处理所涉及的会计分录如下。

　　①计提被辞退员工的经济补偿金。

　　借：管理费用
　　　　贷：应付职工薪酬——辞退福利

　　②向被辞退员工支付经济补偿金。

　　借：应付职工薪酬——辞退福利
　　　　贷：银行存款/库存现金

　　因为经济补偿金先核算为工资，所以必然会涉及个人所得税问题。根据有关政策的规定，经济补偿金在当地上一年度职工平均工资 3 倍数额以内的部分，免征个人所得税，超过部分要计征。同时，可将其视为一次取得数月的工资、薪金收入，允许在一定期限内进行平均，具体做法是：以个人取得的一次性经济补偿金除以个人在本公司的工作年限数，以商数作为个人月工资、薪金收入，按照税法规定计缴个人所得税。注意，工作年限超过 12 年的，按 12 年计算。

如果是因为公司破产而导致被辞退，则员工获得的一次性经济补偿金或安置费，免征个人所得税。

另外，按照《劳动法》和《违反和解除劳动合同的经济补偿办法》的相关规定，经济补偿金的支付标准应根据违反或解除合同的不同情况，给予不同标准的补偿，主要有如下 4 种标准。

◆ 违反《劳动法》和合同约定，克扣拖欠工资，拒不支付延长工作时间工资报酬，支付低于当地工资标准的工资报酬的，用人单位应加发工资报酬和低于部分 25% 的经济补偿金。

◆ 因员工患病、非工负伤或不能胜任工作而解除劳动合同的，用人单位应按员工在本单位工作年限，每满一年发给相当于一个月工资的经济补偿金，同时发给不低于 6 个月工资的医疗补助费。对患重病和绝症者，用人单位还应增加医疗补助费，患重病的增加部分不低于医疗补助费的 50%，患绝症的增加部分不低于医疗补助费的 100%。

◆ 经劳动合同双方协商一致，由用人单位解除劳动合同的；员工不能胜任工作且经过培训或调换岗位后仍不能胜任，由用人单位解除合同的，用人单位应按员工在本单位工作年限，每满一年发给相当于一个月工资的经济补偿金。若员工工资高于社会职工平均工资的 3 倍，则最多付给 12 个月工资的经济补偿金。

◆ 客观情况发生重大变化致使原劳动合同无法履行，经当事人协商不能就变更合同达成协议，用人单位解除合同的；用人单位濒临破产必须裁减人员的，用人单位应按员工在本单位工作年限，每满一年，发给相当于一个月工资的经济补偿金。此种情况的经济补偿金支付没有 12 个月的限制。

凭证

账簿 +

报表

工资 +

员工岗位

社保

个人所得税 +

人力资源成本

年终奖

补贴 +

人力资源投资

公积金 +

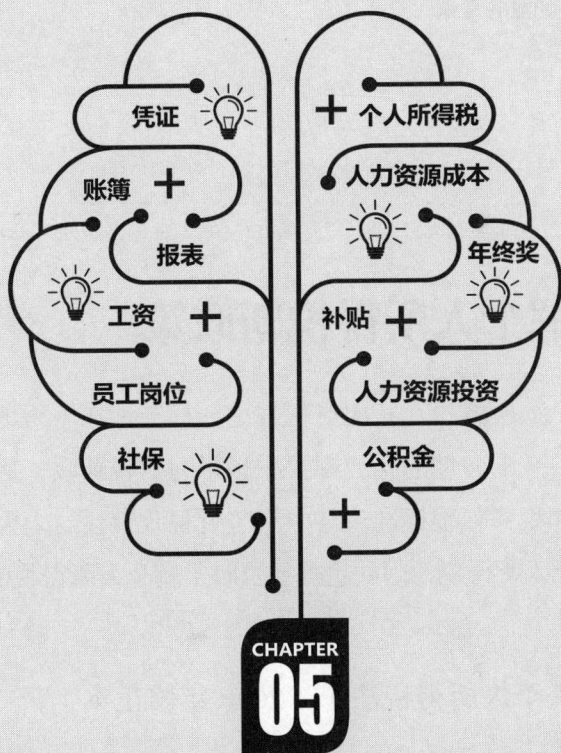

核算并提交个人所得税情况

　　作为公司的人力资源，核算出员工的工资数额、福利待遇和津贴、补贴等，分内工作还没有做完。在人力资源得到员工的社保、公积金等数据明细后，还要核算出部分需要缴纳个人所得税的员工的应交税额，进而得出每位员工的实发工资数，并将核算结果提交给财务部，由财务部根据实发工资数为每位员工发放工资。

5.1
及时了解个人所得税新政策

不仅是个人所得税，其他财税规定和标准都在不断地变化。国家新政策一出，全国各地的企业都要积极学习财税新政，从而快速调整当下的账务和税务处理标准。其中有些财税政策会与人力资源的工作相关，比如个人所得税，因此也需要及时了解个人所得税的新政策。

5.1.1 读懂《个人所得税法》（2018 年修正本）

2018 年 6 月中旬，《中华人民共和国个人所得税法修正案（草案）》提请十三届全国人大常委会初次审议，由此个税开始进入调整期。

2018 年 9 月初，第十三届全国人民代表大会常务委员会第五次会议通过了关于修改《中华人民共和国个人所得税法》的决定，形成个税法的修正本。其中主要推进的个税改革涉及如下 4 个方面。

- ◆ 提高个人所得税的起征点，由每月 3 500 元提高至每月 5 000 元（每年 6 万元）。
- ◆ 个人所得税改革增加专项扣除，如子女教育支出、继续教育支出、大病医疗支出、住房贷款利息和住房租金等专项附加扣除。
- ◆ 工资薪金、劳务报酬、稿酬、特许权使用费等劳动性所得作为综合所得合并，确定起征点，再征税。同时，适用统一的超额累进税率，居民个人按年合并计算个人所得税，非居民个人按月或按次分项计算个人所得税。
- ◆ 改革完善个人所得税征税的模式，即综合与分类相结合。

其中，工资薪金、劳务报酬、稿酬、特许权使用费等劳动性所得纳入综合征税后，纳税方式将发生变化。

比如，张某是某化工厂的一名车间主任，每月税前工资为 8 000 元，同时他还在业余时间为另一家公司做顾问，获得劳务费收入每月 1 000 元。在实行新的个人所得税征收标准之前，应交个人所得税情况如下。

①化工厂每月按照工资薪金项，计算张某的应税所得 8 000 元对应的个人所得税额，代扣代缴后将税后工资发给张某。假设张某个人要交的社保和公积金分别 819 元和 448 元，则：

应纳税所得额 =8 000−819−448−3 500=3 233（元）

应交个人所得税 =3 233×10%−105=218.3（元）

实发工资 =8 000−218.3=7 781.7（元）

②另一家公司向张某支付每月 1 000 元的劳务费，没有超过起征点 3 500 元，所以不缴纳个人所得税。

因此，在新的个人所得税征收标准之前，张某每月应交个人所得税 218.3 元，实际工资和劳务报酬为 8 781.7 元（7 781.7+1000）。那么，一年 12 个月应交个人所得税 2 619.6 元，实际工资总额为 105 380.4 元。

而在实行新的个人所得税征收标准之后，张某的工资薪金和劳务报酬将作为综合所得合并，再征税，此时起征点为 5 000 元。假设张某个人要交的社保和公积金也是以工资薪金为基数，分别为 819 元和 448 元，那么：

应纳税所得额 =8 000+1 000−819−448−5 000=2 733（元）

应交个人所得税 =2 733×3%−0=81.99（元）

因此，在新的个人所得税征收标准之后，张某每月应交个人所得税

81.99 元，实际工资和劳务报酬为 8 918.01 元（9 000－81.99）。那么，一年 12 个月应交个人所得税 983.88 元，实际工资总额 107 016.12 元。

由此可见，新的个人所得税纳税标准实施后，会对劳动者的应纳税额产生明显的影响。

除此之外，新规中关于增加专项扣除的措施，也会使劳动者的个人所得税发生变化。也就是说，如果个人向单位提供专项附加扣除信息，单位在计算工资个税时每月要对其进行扣除。

月工资的个人所得税应纳税额 =（税前收入－五险一金－5 000－专项附加扣除额）× 税率－速算扣除数

下面来看一个实例，了解专项附加扣除对劳动者的个人所得税引起的变化。

伍兰是某有限责任公司的一名财务经理，每月税前平均工资 14 000 元，个人应交社保和公积金分别为 1 428 元和 980 元。

①在新规实施前，起征点为 3 500 元，且没有专项附加扣除，此时每月缴纳个人所得税的计算如下。

应纳税所得额 =14 000－1428－980－3 500=8 092（元）

每月个人所得税税额 =8 092×20%－555=1 063.4（元）

②新规实施后，如果伍兰没有向公司提供子女教育、继续教育、大病医疗、住房贷款利息和住房租金等支出，则每月缴纳个人所得税的计算如下。

应纳税所得额 =14 000－1 428－980－5 000=6 592（元）

每月个人所得税税额 =6 592×10%－210=449.2（元）

③如果伍兰向公司提供子女教育、继续教育、大病医疗、住房贷款利息和住房租金等支出，每月 1 500 元，则每月缴纳个人所得税如下。

应纳税所得额 =14 000−1 428−980−5 000−1 500=5 092（元）

每月个人所得税税额 =5 092×10%−210=299.2（元）

由案例计算结果可看出，专项附加扣除会有效地减轻劳动者的个人所得税负担。

5.1.2 个人所得税按月预报预缴

2018 年 9 月初公布的《中华人民共和国个人所得税法》（2018 年修正本）中增加了一条这样的规定：居民个人取得综合所得按年计算个人所得税；有扣缴义务人（一般是用人单位）的，由扣缴义务人按月或按次预扣预缴税款；居民个人年度终了后需要补税或退税的，按照规定办理汇算清缴。预扣预缴办法由国务院税务主管部门制定。

人力资源要知道，个人所得税按月预报预缴的金额是根据实际的月工资、薪金数额来确定的。比如某公司某员工 2018 年 6 月的工资总额为 5 000 元，扣除社保和公积金后还有 4 121 元，按照个人所得税法 2018 年修正本的规定，预报预缴 6 月应交个人所得税为 0 元，因为 4 121 元 < 5 000 元，低于起征点，所以不缴纳个人所得税。但无论是否缴纳，均应按月预报。

张倩是某房地产公司的一名会计主管，假设其 2020 年全年每月的工资情况如表 5-1 所示。

表 5-1　2018 年全年每月的工资额

月份	工资额（元）	月份	工资额（元）
1 月	4 884	7 月	5 949
2 月	5 043	8 月	5 947
3 月	5 202	9 月	6 007

续表

月份	工资额（元）	月份	工资额（元）
4 月	5 437	10 月	6 032
5 月	5 679	11 月	6 091
6 月	5 813	12 月	6 172

已知张倩上一年度（2019 年）的月平均工资为 4 700 元，按照当地的社保和公积金缴存标准，1 月～12 月的社保和公积金个人缴存数如表 5-2 所示。

表 5-2 全年每月社保和公积金缴存金额

月份	社保（元）	公积金（元）	月份	社保（元）	公积金（元）
1 月	498	365	7 月	514	376
2 月	498	365	8 月	514	376
3 月	498	365	9 月	514	376
4 月	498	365	10 月	514	376
5 月	498	365	11 月	514	376
6 月	498	365	12 月	514	376

如果按照《个人所得税法》（2018 年修正本）的规定缴纳个人所得税，且张倩没有向公司提供专项附加扣除信息，则每月预报预缴个人所得税的情况如下。

① 1 月应纳税所得额 =4 884-498-365-5 000=-979（元）

1 月预报预缴个人所得税税额 =0（元）

② 2 月应纳税所得额 =5 043-498-365-5 000=-820（元）

2 月预报预缴个人所得税税额 =0（元）

③ 3 月应纳税所得额 =5 202-498-365-5 000=-661（元）

3 月预报预缴个人所得税税额 =0（元）

同理，计算其他月份的应纳税所得额和预报预缴个人所得税税额，结果如表 5-3 所示。

表 5-3　全年每月应纳税所得额和预报预缴个人所得税税额

月份	应纳税所得额（元）	个人所得税（元）	月份	应纳税所得额（元）	个人所得税（元）
1 月	−979	0	7 月	59	1.77
2 月	−820	0	8 月	57	1.71
3 月	−661	0	9 月	117	3.51
4 月	−426	0	10 月	142	4.26
5 月	−184	0	11 月	201	6.03
6 月	−50	0	12 月	282	8.46

虽然张倩 2020 年前 6 个月的应纳税所得额均为负数，应交个人所得税均为 0 元，但还是需要按月预报个人所得税。而后 6 个月开始有个人所得税税额，按规定每月预报预缴。

职场加油站

个人所得税法（2018 年修正本）中有这样一项规定：纳税人有中国公民身份号码的，以中国公民身份号码为纳税人识别号；纳税人没有中国公民身份号码的，由税务机关赋予其纳税人识别号。扣缴义务人扣缴税款时，纳税人应向扣缴义务人提供纳税人识别号。这与公司代扣代缴员工的个人所得税不一样，公司代扣代缴时，员工自己没有纳税人识别号。

5.1.3　个人所得税年终汇算清缴

通过对 5.1.1 和 5.1.2 的内容的学习可知，公司员工年度终了时要将所有的工资薪金、劳务报酬、稿酬和特许权使用费等劳动性所得作为综合所得合并，并计征个人所得税，即个人所得税年终汇算清缴。对少缴的个人所得税进行补缴，对多缴的进行退税。

以 5.1.2 中的案例为例，假设张倩 2020 年除了获取了 12 个月的工资薪金所得外，还另外获得了 5 000 元的稿酬和 4 000 元的劳务收入。那么，年终汇算清缴时，张倩的应纳税所得额和应交个人所得税的计算过程如下。

2020 年全年综合所得 =4 884+5 043+5 202+5 437+5 679+5 813+5 949+5 947+6 007+6 032+6 091+6 172+5 000+4 000=77 256（元）

2020 年应纳税所得额 =77 256−5 000×12=17 256（元）

由于 17 256 元未超过 3.6 万元，所以在《个人所得税法》（2018 年修正本）的标准下，张倩当年的个人所得税税率适用最低档 3% 税率。

2020 年应纳个人所得税税额 =17 256×3%−0=517.68（元）

但是，张倩按月预报预缴了个人所得税 25.74 元（1.77+1.71+3.51+4.26+6.03+8.46），与汇算清缴的个人所得税税额相比，少了，所以应补缴 491.94 元（517.68−25.74）。

如果案例中的张倩不按《个人所得税法》（2018 年修正本）的标准计缴个人所得税，而是按新规实施前的标准计缴，此时 2020 年每月的应纳税所得额要在表 5−3 所示的应纳税所得额的基础上增加 1 500 元，前 6 个月的应纳税所得额适用最低档税率 3%，后 6 个月的应纳税所得额适用第二档税率 10%。同时，稿酬所得（假设为一次性所得）和劳务收入按照各自的适用税率计缴个人所得税。

全年工资薪金所得对应的个人所得税税额 =[（−979+1 500）+（−820+1 500）+（−661+1 500）+（−426+1 500）+（−184+1 500）+（−50+1 500）]×3%+[（59+1 500）×10%−105]+[（57+1 500）×10%−105]+

[（117+1 500）×10%−105]+[（142+1 500）×10%−105]+[（201+1 500）×10%−105]+[（282+1 500）×10%−105]=176.4+50.9+50.7+56.7+59.2+65.1+73.2=532.2（元）

稿酬所得对应的个人所得税税额 =5 000×（1−20%）×20%×（1−30%）=560（元）

劳务收入对应的个人所得税税额 =4 000×（1−20%）×20%=640（元）

3 项个人所得税税额总计 =532.2+560+640=1 732.2（元），明显高于个人所得税新规实施后综合所得计缴的个人所得税税额。

由此可见，《个人所得税法》（2018 年修正本）正式实施后，会给公司员工带来非常显著的利好。

5.2

了解财务处理中的个人所得税

对人力资源来说，只要统计出公司内部各个员工的工资薪金数额、福利数额和社保、公积金等一切与员工薪酬有关的数据即可，很少人会知道个人所得税的征税范围、免征额、税前扣除和超额累进税率等概念。然而，这些知识与员工自己每月实际拿到手的工资息息相关，作为人力资源，有必要了解财务处理中的个人所得税问题。

5.2.1 清楚个人所得税的征税内容

个人所得税，顾名思义是对个人的收入所得征收的一种税。在我国，个人所得税的征税内容主要包括 10 项，具体如表 5-4 所示。

表 5-4　个人所得税的征税内容

内容	详述
工资、薪金所得	指个人因任职或受雇而取得的工资、薪金、奖金、年终加薪、劳动分红、津贴、补贴以及与任职或受雇有关的其他所得
个体工商户的生产、经营所得	1. 经工商行政管理部门批准开业并领取营业执照的城乡个体工商户，从事工业、手工业、建筑业、交通运输业、商业、饮食业、服务业、修理业及其他行业的生产、经营取得的所得； 2. 个人经政府有关部门批准取得营业执照，从事办学、医疗、咨询以及其他有偿服务活动取得的所得； 3. 其他个人从事个体工商业生产、经营取得的所得，即个人临时从事生产、经营活动取得的所得； 4. 上述个体工商户和个人取得的生产、经营有关的各项应税所得
企事业单位的承包经营、承租经营所得	指个人承包经营、承租经营以及转包、转租取得的所得，包括个人按月或者按次取得的工资、薪金性质的所得
劳务报酬所得	指个人从事设计、装潢、安装、制图、化验、测试、医疗、法律、会计、咨询、讲学、新闻、广播、翻译、审稿、书画、雕刻、影视、录音、录像、演出、表演、广告、展览、技术服务、介绍服务、经纪服务、代办服务以及其他劳务取得的所得
稿酬所得	指个人因其作品以图书、报纸形式出版、发表而取得的所得。这里所说的"作品"是指包括中外文字、图片、乐谱等能以图书、报刊方式出版、发表的作品。"个人作品"包括本人的著作、翻译的作品等。个人取得遗作稿酬也应按稿酬所得项目计税
特许权使用费所得	指个人提供专利权、著作权、商标权、非专利技术以及其他特许权的使用权取得的所得。其中，提供著作权的使用权所取得的所得，不包括稿酬所得。作者将自己的文字作品手稿原件或复印件公开拍卖（竞价）取得的所得，应按特许权使用费所得项目计税
利息、股息、红利所得	指个人拥有债权、股权而取得的利息、股息、红利所得。利息是指个人的存款利息、货款利息和购买各种债券的利息；股息是指股票持有人根据股份制公司章程规定，凭股票定期从股份公司取得的投资利益；红利是指股份公司或企业根据应分配的利润按股份向员工或投资者分配超过股息部分的利润

续表

内容	详述
财产租赁所得	指个人出租建筑物、土地使用权、机器设备车船以及其他财产取得的所得。财产包括动产和不动产
财产转让所得	指个人转让有价证券、股权、建筑物、土地使用权、机器设备、车船以及其他自有财产给他人或单位而取得的所得，包括转让不动产和动产而取得的所得。对个人股票买卖取得的所得暂不征税
偶然所得	指个人取得的所得是非经常性的，属于各种机遇性所得，包括得奖、中奖、中彩以及其他偶然性质的所得（含奖金、实物和有价证券）。个人购买社会福利有奖募捐奖券、中国体育彩票，一次中奖收入不超过 10000 元的，免征个人所得税，超过 10000 元的，应以全额按偶然所得项目计税

5.2.2　了解个人所得税的免征额和起征点

免征额也称"免税点"，是税法规定课税对象的免予征税的数额。无论课税对象的数额大小，免征额的部分都不征税，仅就其超过免征额的部分征收个人所得税。

凡规定有免征额的税种，在征税时应先从纳税人的全部课税对象数额中扣除免征额，然后对超过免征额的部分按照规定的税率计算应纳个人所得税税额。

而起征点是征税对象达到征税数额后开始征税的界限，征税对象的数额未达到起征点时不征税。一旦达到或超过起征点时，则要就其全部的数额征税，而不是仅对超过起征点的部分征税。

下面来看一个例子，切实了解免征额和起征点在计算个人所得税时的区别。

假设有 3 人 A、B、C，其某月的收入分别是 4 999 元、5 000 元和 5 001 元。已知免征额为 5 000 元，个人所得税税率适用 7 级超额累进税率，那么，这 3 人在不考虑其他因素的情况下，应纳个人所得税是多少呢？

①A 的收入为 4 999 元，低于免征额 5 000 元，不缴纳个人所得税。

②B 的收入为 5 000 元，刚好等于免征额 5 000 元，也不缴纳个人所得税。

③C 的收入为 5 001 元，高于免征额 5 000 元，且高出 1 元，需要对高出的 1 元征收个人所得税，应纳个人所得税 =1×3%=0.03（元）。

如果其他条件不变，已知的是起征点为 5 000 元，并假定个人所得税税率为 3%。那么，这 3 人在不考虑其他因素的情况下，应纳个人所得税又是多少呢？

①A 的收入为 4 999 元，没有达到起征点，不缴纳个人所得税。

②B 的收入为 5 000 元，刚好达到起征点，应缴纳个人所得税，且应全额计税，应纳个人所得税 =5 000×3%=150（元）

③C 的收入为 5 001 元，超过了起征点，应缴纳个人所得税，且应全额计税，应纳个人所得税 =5 001×3%=150.03（元）

由此可看出，是规定为免税额还是起征点，对那些收入在规定数额以下的人来说没什么区别，但对于收入超过了规定数额的人来说，两者对个人所得税的影响作用非常明显。

人力资源要牢记，在我国，公司员工计缴个人所得税时，使用的是免征额，而不是起征点。并且，个人所得税的免征额还会被称为"减除费用"。

5.2.3 掌握哪些项目在计缴个人所得税时可减免

个人所得税有减免项目，相当于税收优惠。作为公司的人力资源，虽然不用记住每一项减免项目，但对于可能跟自身有关的减免项目要清楚。

①省级人民政府、国务院部委和中国人民解放军以上单位，以及国外组织、国际组织颁发的科学、教育、技术、文化、卫生、体育和环境保护等方面的奖金，免征个人所得税。

②乡、镇以上（含乡、镇）人民政府或经县以上（含县）人民政府主管部门批准成立的有机构、有章程的见义勇为基金会或类似组织，奖励见义勇为者的奖金或奖品，经主管税务机关批准，免征个人所得税。

③个人持有财政部发行的债券和经国务院批准发行的金融债券的利息，免征个人所得税。

④对个人取得的教育储蓄利息所得和财政部门确定的其他专项储蓄存款或储蓄性专项基金存款的利息所得，免征个人所得税。

⑤按照国家或省级地方政府规定的比例缴付的基本养老保险金、医疗保险金、失业保险基金和住房公积金存入银行个人账户所取得的利息收入，免征个人所得税。

⑥个人领取原提存的基本养老保险金、医疗保险费、失业保险费和住房公积金时，免征个人所得税。

⑦按照国务院规定发给的政府特殊津贴和免税的补贴、津贴，免征个人所得税。

⑧由于某些特定事件或原因给职工或其家庭的正常生活造成一定困难，企业、事业单位、国家机关和社会团体从其根据国家有关规定

提留的福利费或工会经费汇总支付给职工的临时性生活困难补助，免征个人所得税。

⑨抚恤金、救济金（指民政部门支付给个人的生活困难补助）、保险公司支付的保险赔款、军人的转业费和复员费等，免征个人所得税。

⑩按照国家统一规定发给干部、职工的安家费、退职费、退休费、离休工资、离休生活补助费等，免征个人所得税。

⑪个人转让上市公司股票取得的所得暂免征收个人所得税。

⑫个人购买社会福利有奖募捐奖券、体育彩票，凡一次中奖收入不超过一万元的，暂免征收个人所得税。

⑬个人举报、协查各种违法、犯罪行为而获得的奖金，个人办理代扣代缴税款手续并按规定取得的扣缴手续费，个人转让自用达 5 年以上且是唯一的家庭生活用房取得的所得，达到离休、退休年龄却因工作需要而适当延长离休、退休年龄的高级专家在离休退休期间的工资、薪金所得等，免征个人所得税。

⑭残疾、孤寡人员和列属的所得以及其他经国务院财政部门批准减免的项目，可以减征个人所得税，减征幅度和期间由各省、自治区和直辖市人民政府决定。

⑮从职务科技成果转化收入中给予科技人员的现金奖励，可减按 50% 计入科技人员的当月工资、薪金所得，再缴纳个人所得税。

⑯个人出租财产取得的财产租赁收入，可在计缴个人所得税前，依次扣除财产租赁过程中的税费、由纳税人负担的该出租财产实际开支的修缮费用以及税法规定的备用扣除标准等费用。

5.2.4 了解个人所得税的超额累进税率

超额累进税率是指把同一计税基数划分为相应等级，分别适用各等级的税率，分别计算税额，各等级税额之和为应纳税额。超额累进税率的"超"字，是指征税对象数额超过某一等级时，仅就超过部分按高一级税率计算征税。

2018 年 9 月初公布的个人所得税法（2018 年修正本）中，涉及了免征额和累进税率的调整。在修正本正式实施之前，适用的 7 级超额累进税率如表 5-5 所示。

表 5-5　2018 年个人所得税法修正本实施前的超额累进税率

全月应纳税所得额	税率	速算扣除数（元）
全月应纳税所得额不超过 1 500 元	3%	0
全月应纳税所得额超过 1 500 元至 4 500 元	10%	105
全月应纳税所得额超过 4 500 元至 9 000 元	20%	555
全月应纳税所得额超过 9 000 元至 35 000 元	25%	1 005
全月应纳税所得额超过 35 000 元至 55 000 元	30%	2 755
全月应纳税所得额超过 55 000 元至 80 000 元	35%	5 505
全月应纳税所得额超过 80 000 元	45%	13 505

关于修改《中华人民共和国个人所得税法》的决定还说明了：新个税法自 2019 年 1 月 1 日起施行，但自 2018 年 10 月 1 日至 2018 年 12 月 31 日，纳税人的工资、薪金所得，先以每月收入额减除费用 5 000 元后的余额为应纳税所得额，依照修正本第十六条的个人所得税税率表一（综合所得适用）按月换算后计算缴纳税款，并不再扣除附加减除费用。如表 5-6 所示的是关于修改《中华人民共和国个人所得税法》的决定中第十六条的个人所得税税率表一（综合所得适用）。

表 5-6　2018 年个人所得税法修正本实施后的超额累进税率

全年应纳税所得额	税率	速算扣除数（元）
全年应纳税所得额不超过 36 000 元	3%	0
全年应纳税所得额超过 36 000 元至 144 000 元	10%	2 520
全年应纳税所得额超过 144 000 元至 300 000 元	20%	16 920
全年应纳税所得额超过 300 000 元至 420 000 元	25%	31 920
全年应纳税所得额超过 420 000 元至 660 000 元	30%	52 920
全年应纳税所得额超过 660 000 元至 960 000 元	35%	85 920
全年应纳税所得额超过 960 000 元	45%	181 920

　　该表中的全年应纳税所得额是指按照个人所得税法修正本的第六条的规定，居民个人取得综合所得以每一纳税年度收入额减除费用 6 万元以及专项扣除、专项附加扣除和依法确定的其他扣除后的余额。

职场加油站

速算扣除数是为了解决超额累进税率分级计算税额的复杂技术问题而预先计算出的一个数据。超额累进税率的计税特点是把全部应税金额分成若干等级部分，每个等级部分分别按相应的税率计征，税额计算比较复杂。而简便的计算方法是先将全部应税金额按其适用的最高税率计税，再减去速算扣除数，其余额就是按超额累进税率计算的税额。

5.2.5　个人所得税的代扣与代缴

　　代扣代缴是指按照税法规定，负有扣缴税款义务的单位和个人，负责对纳税人应纳的税款进行代扣代缴的一种方式。而个人所得税的代扣代缴就是公司在向员工支付工资时，从所支付的工资中依法直接扣收税款代为缴纳。

在个人所得税代扣代缴事务中，员工（所得人）为纳税义务人，支付单位或个人为扣缴义务人。

为了正确记录、反映个人所得税的代扣代缴情况，支付工资、薪金所得的公司在代扣代缴个人所得税时，应通过"应交税费——应交个人所得税"会计科目核算；在支付工资、薪金所得的同时代扣个人所得税，借记"应付职工薪酬"会计科目，贷记"库存现金"、"银行存款"、"应交税费——应交个人所得税"等相关科目；实际代缴个人所得税时，借记"应交税费——应交个人所得税"会计科目，贷记"银行存款"会计科目。

某公司员工王鑫是一名生产工人，2018 年 8 月领取 7 月工资、薪金所得共 4 905 元，公司按照个人所得税法修正本实施前的个人所得税扣税标准执行代扣代缴。已知王鑫的工资没有涉及其他扣除费用项目，相关计算和税务处理如下。

王鑫应纳税所得额 =4 905-3 500=1 405（元）

王鑫应缴纳个人所得税税额 =1 405×3%=42.15（元）

①公司财会人员在 2018 年 7 月末计提应发工资（含税）。

借：生产成本		4 905
贷：应付职工薪酬		4 905

②支付工资并代扣个人所得税。

借：应付职工薪酬		4 905
贷：银行存款		4 862.85
应交税费——应交个人所得税		42.15

③公司代缴个人所得税。

借：应交税费——应交个人所得税		42.15
贷：银行存款		42.15

5.3

简单认识其他的税种

与公司人力资源工作密切相关的要属个人所得税的计缴问题，但除此之外，人力资源还应该对公司经营过程中涉及的其他税种有简单地认识，提升自我工作能力，全面了解公司的税务情况。

5.3.1 了解公司需要缴哪些增值税

增值税是对商品生产、流通和劳务服务中多个环节的新增价值或商品的附加值征收的一种流转税。当公司发生货物销售，或者提供加工、修理修配劳务以及进口货物的，就要对增值额征收增值税。

从买卖环节来看，增值税分为两大类：增值税进项税额、增值税销项税额。

◆ **增值税进项税额**：指纳税人购进货物、加工修理修配劳务、服务、无形资产或不动产，支付或者负担的增值税额。进项税额＝（外购原料、燃料、动力）× 税率。

◆ **增值税销项税额**：指纳税人销售货物、提供劳务，按照销售额和适用税率计算并向购买方收取的增值税税额。销项税额＝当期销售额 × 适用税率。

在公司财务进行计算时，销项税额扣减进项税额后的数额，才是公司应缴纳的增值税税额。因此，进项税额和销项税额的大小直接关系到纳税额的多少。

在核算应纳增值税时，财会人员会根据准予扣除的进项税额和增值税优惠政策，统计核算准确的应纳增值税税额。准予扣除的进项税额和增值税优惠政策的具体内容可以查询最新的《中华人民共和国增值税暂行条例》。

5.3.2 与员工签订的劳动合同不缴印花税

印花税是对经济活动和经济交往中书立、领受具有法律效力的凭证的行为所征收的一种税，因采用在应税凭证上粘贴印花税票作为完税的标志而得名。

根据我国《印花税法》的规定，在中华人民共和国境内书立应税凭证、进行证券交易的单位和个人，为印花税的纳税人，应当依照本法规定缴纳印花税。

在现行的印花税法中，规定有四大类凭证需要征收印花税，如表 5-7 所示。

表 5-7　需要缴纳印花税的四大类凭证

类别	凭证	税率	纳税人
经济合同	买卖合同	按价款的 0.3‰	立合同人
	承揽合同	按报酬的 0.3‰	
	建设工程合同	按价款的 0.3‰	
	融资租赁合同	按租金的 0.05‰	
	租赁合同	按租金的 1‰	
	运输合同（不包括管道运输合同）	按运输费用的 0.3‰	
	仓储保管合同	按仓储费或保管费的 1‰	
	借款合同（不包括再保险合同）	按借款金额的 0.05‰	
	财产保险合同	按保险费收入的 1‰	
	技术合同	按所载金额 0.3‰	

续表

类别	凭证	税率	纳税人
产权转移书据	土地使用权出让书据以及土地使用权、房屋等建筑物和构筑物所有权转让书据（不包括土地承包经营权和土地经营权转移）和股权转让书据（不包括应缴纳证券交易印花税的）	按价款的 0.5‰	立据人
	商标专用权、著作权、专利权、专有技术使用权转让书据	按价款的 0.3‰	
营业账簿	记载资金的生产、经营用账簿	按实收资本和资本公积的合计金额 0.25‰	立账簿人
经由财政部确定征税的其他凭证		—	—

由上表可知，公司与员工签订的劳动合同不需要缴纳印花税。

5.3.3 公司经营要缴纳的城市维护建设税

城市维护建设税简称城建税，是以纳税人实际缴纳的增值税和消费税的税额为计税依据，依法计征的一种税。因此，该税具有附加税性质，且城建税税款专门用于城市的公用事业和公共设施的维护建设。

城建税的征税范围包括城市、县城、建制镇及税法规定征税的其他地区，在纳税过程中，这些范围应根据行政区划作为划分标准，不得随意扩大或缩小各行政区划的管辖范围。城建税的计算公式如下。

应纳税额 =（实际缴纳的增值税 + 消费税）× 适用税率

公式中的适用税率按纳税人所在地不同，分别规定为：市区 7%，县城和建制镇 5%，所在地不在市区、县城或镇的 1%。大中型工矿企业所在地不在城市市区、县城或建制镇的，税率为 1%。

如果公司进口产品，海关对进口产品代征增值税和消费税的，不征收城市维护建设税。但需要人力资源了解的是，出口产品退还增值税、消费税，或者增值税、消费税实行先征后返、先征后退、即征即退办法的，除另有规定外，随这两种税附征的城建税将不予退还。

某公司 2018 年 7 月实际缴纳的增值税税额为 24 100 元，不涉及消费税。已知该公司地处某县城，适用城市维护建设税税率为 5%，则该公司应缴纳的城市维护建设税有多少呢？

公司应交的城市维护建设税 =24 100×5%=1 205（元）

①计算应交的城市维护建设税。

借：税金及附加　　　　　　　　　　　　　1 205

　　贷：应交税费——应交城市维护建设税　　1 205

②用银行存款上交城市维护建设税。

借：应交税费——应交城市维护建设税　　　1 205

　　贷：银行存款　　　　　　　　　　　　　1 205

由此可知，财会人员在对城市维护建设税进行账务处理时，将其归集到"税金及附加"会计科目进行核算。

5.3.4 公司用车要缴纳的车辆购置税和车船税

车辆购置税是对在境内购置规定车辆的单位和个人征收的一种税，由车辆购置附加费演变而来。在 2018 年 12 月颁布的《中华人民共和国车辆购置税法》规定，在中华人民共和国境内购置汽车、有轨电车、汽车挂车、排气量超过 150 毫升的摩托车的单位和个人，为车辆购置税的纳税人，应依照本法规定缴纳车辆购置税。该税法从 2019 年 7 月

1 日起施行。

从该规定中我们还能得知车辆购置税的征税范围，即汽车、有轨电车、汽车挂车以及排气量超过 150 毫升的摩托车。换句话说，2019年 7 月 1 日后购置 150 毫升及以下排气量的摩托车和电动摩托车，地铁、轻轨等城市轨道交通车辆，装载机、平地机、挖掘机、推土机等轮式专用机械车，以及起重机（吊车）、叉车和电动摩托车，不属于应税车辆。

车船税是指对在我国境内应依法到公安、交通、农业、渔业和军事等管理部门办理登记的车辆、船舶，根据其种类，按照规定的计税依据和年税额标准计征的一种财产税。

2018 年 8 月 1 日，财政部、税务总局、工业和信息化部、交通运输部下发《关于节能新能源车船享受车船税优惠政策的通知》文件，要求对符合标准的新能源车船免征车船税，对符合标准的节能汽车减半征收车船税。

如果公司在经营过程中使用了征税范围内的车船，且不属于免征车船税的情况，则需要缴纳车船税。不同的征税对象适用不同的税目税额，而不是税率，具体参考相应的税法。

🔋 职场加油站

车辆和船舶包括的征税对象如下。

车辆。包括机动车辆和非机动车辆，机动车辆指依靠燃油、电力等能源作为动力运行的车辆，如汽车、拖拉机、无轨电车等；非机动车辆指依靠人力、蓄力运行的车辆，如三轮车、自行车和蓄力驾驶车等。

船舶。包括机动船舶和非机动船舶，机动船舶指依靠燃料等能源作为动力运行的船舶，如客轮、货船、气垫船等；非机动船舶指依靠人力或其他力量运行的船舶，如木船、帆船和舢板等。

5.3.5 什么是企业所得税

企业所得税是对我国内资企业和经营单位的生产经营所得和其他所得征收的一种税，但个人独资企业与合伙企业征收个人所得税，不征收企业所得税。

企业所得税的征税对象是纳税人取得的所得，包括销售货物所得、提供劳务所得、转让财产所得、股息红利所得、利息所得、租金所得、特许权使用费所得、接受捐赠所得和其他所得。

企业所得税的一般税率为 25%，但因为有一些税收优惠政策，所以还有另外一些低税率，具体情况如表 5-9 所示。

表 5-9　企业所得税的低税率

税率	适用范围
20%	小型微利企业（具体享受 20% 税率的小型微利企业的标准在不断变化，这里不作详述，可参考当前会计期间对应的相关政策）
15%	国家重点扶持的高新企业
10%	非居民企业、国家布局内重点软件企业

除此之外，企业所得税还有其他扣除项目、免征、减征、加计扣除、减计收入和免征额优惠等优惠政策。

对公司来说，企业所得税的纳税年度是从公历 1 月 1 日起至 12 月 31 日止。纳税人在一个纳税年度中期开业，或者由于合并、关闭等原因使该纳税年度的实际经营期不足 12 个月的，应以实际经营期为一个纳税年度。纳税人清算时，应以清算期间为一个纳税年度。

企业所得税分月或分季预缴，年末进行汇算清缴，结清应缴应退税款。公司的相关财会人员要在月份或季度终了后 15 日内向主管税务机关进行纳税申报并预缴税款，其中，第 4 季度的税款也应于季度终了后 15 日内先进行预缴，并在年度终了之日起 5 个月内进行汇算清缴，多退少补。

职场加油站

除了上述这些大多数公司都会涉及的税种外，还有一些税种比较特殊，只有在特殊行业或者经营特殊产品的公司中才会出现。比如消费税，只有经营应税消费品的公司才会涉及；资源税是经营与自然资源有关的产品的公司会涉及；房产税是对产权所有人征收的税；城镇土地使用税是对使用了城市、县城、建制镇或工矿区范围内的土地的公司和个人征收的税；土地增值税是转让国有土地使用权、地上的建筑物及其附着物并取得收入时征收的税；船舶吨税是海关对外国籍船舶航行进出本国港口时征收的税；关税是对进出口商品经过一国关境时征收的税；耕地占用税是对占用耕地建房或从事其他非农业建设的单位和个人征收的税；契税是不动产产权发生转移时向产权承受人征收的税；烟叶税是对在我国境内收购烟叶的单位征收的税；环保税是针对污水、废气、噪音和废弃物等突出的"显性污染"征收的税。

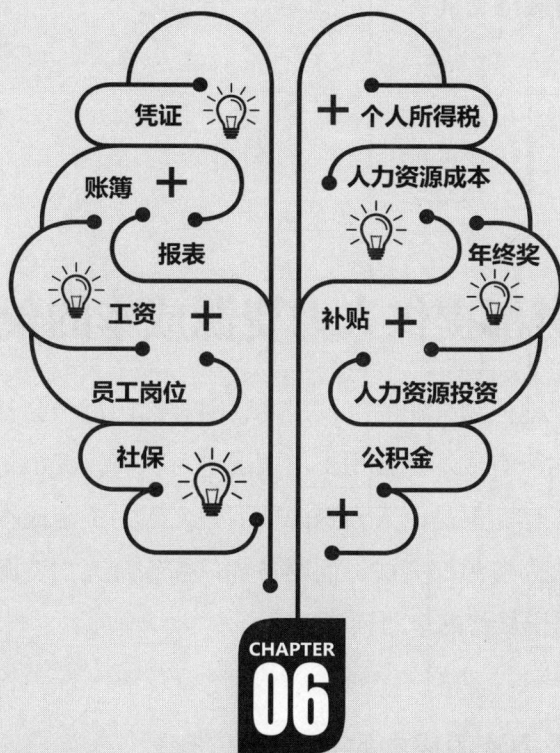

凭证

账簿 +

报表

工资 +

员工岗位

社保

个人所得税

人力资源成本

年终奖

补贴 +

人力资源投资

公积金 +

CHAPTER
06

控制人力资源成本，减轻经营负担

　　人力资源成本是公司为了实现自己的经营目标，创造最佳经济和社会效益，获得、开发、使用、保障必要的人力资源及其离职所支出的各项费用的总和。财会人员在核算公司的经营成本时，必定会考虑人力资源成本。因为它在所有经营成本中占据的比例很大，所以，控制好人力资源成本，可以减轻公司的经营负担。

要为财务部提供人力资源成本的预算

　　为了更好地控制公司的经营成本，财会部门每个会计年度之初都要对本公司的所有成本、费用支出情况进行预算，其中包括人力资源成本的预算工作。但是，人力资源要清楚，人力资源成本的具体预算工作还是由人力资源部完成，而财务部只需综合人力资源成本预算和其他预算来得出最终的全面预算结果。

6.1.1 认清人力资源成本的 6 个组成部分

　　对人力资源来说，要做好人力资源成本的预算工作，首先要认清人力资源成本的组成部分。按照人力资源的管理过程可将该成本分为 6 个部分，具体如下。

　　◆ 人力资源管理体系构建成本

　　人力资源管理体系构建成本是指公司设计、规划和改善人力资源管理体系所消耗的资源总和，包括设计和规划人员的工资、对外咨询费、资料费、培训费和差旅费等。

　　◆ 人力资源引进成本

　　人力资源引进成本是指公司从外部获得人力资源管理体系要求的人力资源所消耗的资源总和，包括人员的招聘费用、选拔费用、录用及安置费等，具体涉及的费用的细节开支介绍如表 6-1 所示。

表 6-1　人力资源引进成本的细节开支介绍

成本费用	细节开支介绍
招聘费用	招聘人员的直接劳务费用、直接业务费用和其他间接费用，如招聘洽谈会议费、广告费、宣传材料费、办公费、水电费、临时场地及设备使用费等
选拔费用	初试、面试和体检等过程发生的一切与决定是否录用有关的费用
录用费用	由录用引起的有关费用，如调动补偿费、录取手续费等
安置费用	公司将被录用的员工安排在确定工作岗位上的各种行政管理费用、录用部门为安置人员所损失的时间费用、为新职工提供工作所需装备的费用、从事特殊工种按人员配备的专用工具或装备费等

◆　人力资源培训成本

人力资源培训成本是指公司对员工进行培训所消耗的资源总和，以达到人力资源管理体系所要求的标准，包括员工上岗教育费用、岗位培训及脱产学习费用等。

职场加油站

脱产培训成本是公司根据生产经营的需要，允许职工脱离工作岗位接受短期（一年内）或长期（一年以上）的培训而发生的成本。该培训的目的是为公司培养高层次的管理人员或专门的技术人员。

◆　人力资源使用成本

人力资源使用成本是指公司在使用职工的过程中消耗的资源总和，包括保证人力资源维持其劳动力生产和再生产所需的费用、对超额劳动或其他有特别贡献的员工实施奖励而支付的奖金、对员工进行考核和评估的人的工资和其他考核评估费用以及为了消除员工疲劳并调剂其工作与生活节奏而发生的费用等。

◆ 人力资源服务成本

人力资源服务成本也称人力资源保障成本，是指公司根据人力资源管理体系要求对所使用的人力资源提供后勤和保障服务所消耗的资源总和，包括交通费、办证费、文具费和其他保险费（一般指社保）等。

◆ 人力资源遣散成本

人力资源遣散成本是指公司根据人力资源管理体系的要求对不合格的人力资源进行遣散所消耗的资源总和，也称人力资源离职成本。该成本包括遣散费或离职补偿成本、诉讼费、遣散造成的损失费以及管理人员因处理离职员工有关事项而发生的管理费用等。

6.1.2 人力资源成本的预算内容和预算流程

人力资源要为公司财务部提供准确的人力资源成本预算，就要清楚预算的内容、流程和方法。

（1）人力资源成本的预算内容

人力资源成本的预算内容主要有 3 个方面，如下所示。

①公司所有员工的工资费用。

②公司所有员工的、与工资相关的、按照国家社会保障体系所要求的各种基金和保险费用，如基本养老保险、医疗保险、失业保险、工伤保险、生育保险和住房公积金等。

③人力资源部门作为从事专业人力资源管理的职能部门，在一年工作中涉及的招聘费用、对薪酬市场的调查费用、对员工知识技能的测评费用、员工的培训费用、劳动合同的认证费用、劳动纠纷的法律咨询费用以及办公费用、通信费用、差旅费用和办公设施费用等。

（2）人力资源成本的预算流程

人力资源进行的人力资源成本预算要确保合理性、准确性和可比性，则必须按照一定的流程行事，一般流程如图 6-1 所示。

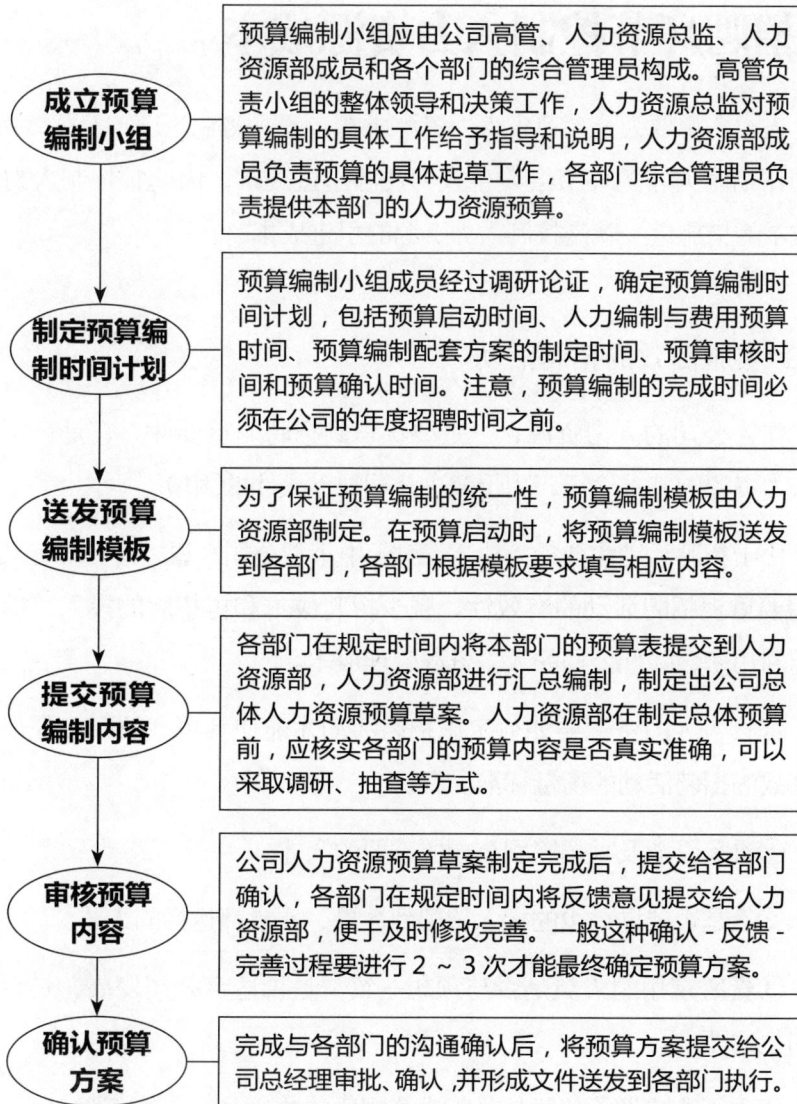

成立预算 编制小组	预算编制小组应由公司高管、人力资源总监、人力资源部成员和各个部门的综合管理员构成。高管负责小组的整体领导和决策工作，人力资源总监对预算编制的具体工作给予指导和说明，人力资源部成员负责预算的具体起草工作，各部门综合管理员负责提供本部门的人力资源预算。
制定预算编 制时间计划	预算编制小组成员经过调研论证，确定预算编制时间计划，包括预算启动时间、人力编制与费用预算时间、预算编制配套方案的制定时间、预算审核时间和预算确认时间。注意，预算编制的完成时间必须在公司的年度招聘时间之前。
送发预算 编制模板	为了保证预算编制的统一性，预算编制模板由人力资源部制定。在预算启动时，将预算编制模板送发到各部门，各部门根据模板要求填写相应内容。
提交预算 编制内容	各部门在规定时间内将本部门的预算表提交到人力资源部，人力资源部进行汇总编制，制定出公司总体人力资源预算草案。人力资源部在制定总体预算前，应核实各部门的预算内容是否真实准确，可以采取调研、抽查等方式。
审核预算 内容	公司人力资源预算草案制定完成后，提交给各部门确认，各部门在规定时间内将反馈意见提交给人力资源部，便于及时修改完善。一般这种确认 - 反馈 - 完善过程要进行 2 ~ 3 次才能最终确定预算方案。
确认预算 方案	完成与各部门的沟通确认后，将预算方案提交给公司总经理审批、确认，并形成文件送发到各部门执行。

图 6-1

6.2
在招聘环节控制人力资源成本

人力资源要为公司节省人力资源成本，就要从各个工作环节入手。公司在招聘人才的环节会发生人力资源引进成本，因此，控制人力资源成本的措施之一就是控制人力资源的引进成本。

6.2.1 实施高效的招聘活动

作为公司的人力资源，一定要认识到招聘的重要性。它是公司补充人力资源的基本途径，用于解决公司缺乏人才的困境。

由于招聘活动需要投入成本，对于中小型公司来说，其资本有限，更需要重视招聘活动的有效性，减少招聘成本和再招聘的投入，提高资源利用率，降低公司的人力资源管理成本。

那么，人力资源要如何实施招聘活动才能使其更高效呢？先来了解高效的招聘活动的衡量标准。

①看是否能及时招聘到公司所需要的人才。

②看是否能以最少的投入招聘到数量、质量都达标的人才。

③看所录用的人员是否与预想一致，是否适合公司发展，是否符合岗位的要求。

④看不稳定期（一般是员工进公司后的 6 个月）内的离职率。

因此，人力资源要实施高效的招聘活动，需要做到以下几点。

◆ 做好人力资源规划

人力资源规划是各项具体人力资源管理活动的起点和依据，直接影响着公司整体人力资源管理的效率。

在进行人力资源规划时，需要做的事情有这样一些：人力资源战略发展规划、公司人事规划、人力资源管理费用预算、人力资源管理制度建设、人力资源开发规划、人力资源系统调整发展规划。通俗地讲，做好人力资源规划就是要制定人员配备计划、人员补充计划和人员晋升计划。

◆ 明确招聘的目标

在招聘目标不明确的情况下招聘到的人员，常常会在不稳定期给公司带来较大的培训成本，甚至会影响某些工作的分配和执行。在制度不完善的中小型公司的招聘工作中更容易出现这样的情况，因为这些公司一般没有职务说明书可在招聘工作中作为参考。

此时，人力资源部或负责招聘的人员要在招聘活动开始前与用人部门进行有效沟通，引导他们准确描述出职位职责和能力素质要求。在招聘活动进行时，也要与用人部门保持联系，以确保招聘结果不偏离招聘需求，从而提高招聘工作的效率和成功率。

◆ 选择合适的招聘渠道

大多数公司常用的招聘渠道有网络招聘、现场招聘、员工推荐、内部招聘和人才介绍机构等。

招聘渠道的选择直接影响人力资源对人力资源成本的预算结果，因此，要想控制招聘环节的人力资源成本，就要为公司的招聘活动选择合适、合理的渠道。如表 6-2 所示的是上述 5 种招聘渠道的效果、成本对比情况。

表 6-2　各招聘渠道的效果、成本对比

招聘渠道	效果	成本
网络招聘	公司可通过自身网站发布招聘信息，搭建招聘系统，也可以与专业的招聘网站合作发布招聘信息。该渠道没有地域限制、受众人数大、覆盖面广、时效长，可在较短时间内获取大量应聘者信息，但充斥着很多虚假信息和无用信息，对建立筛选的要求较高	成本较低，是很多中小型公司进行招聘时的必要选择
现场招聘	公司可以通过招聘会或人才市场实施现场招聘，是比较正规的招聘渠道。该渠道不仅可以节省公司初次筛选简历的时间成本，还能使招聘工作更有针对性。招聘质量较好，但同时存在局限性，招聘工作的效率较低，效果不明显，且存在地域限制	成本比网络招聘高，是很多中型、大型公司比较常用的渠道
员工推荐	公司通过在岗员工推荐其亲朋好友来应聘职位。该渠道最大的优点是公司和应聘者双方掌握的信息较对称，节省了公司对应聘者进行真实性考察的成本，效果较好，质量较高，但容易使公司内部形成小团体，影响公司正常的组织架构和运作	成本可高可低，主要取决于公司是否给介绍人奖金及奖金的高低。大多数公司在使用这一渠道
内部招聘	公司将职位空缺向员工公布，并鼓励员工竞争上岗。该渠道可增强员工的流动性，员工可快速进入新角色，为公司节省大量的培训成本，同时提高员工的满意度，留住已有人才。但容易使员工存在一定的思维惯性，缺少活力，所以效果一般	成本较低，主要涉及公司内部人员调剂和晋升工作对应的行政管理费用，中、大型公司常用
人才介绍机构	这种机构一方面为公司寻找人才，另一方面也帮助人才找到合适的雇主，包括针对中低端人才的职业介绍机构和针对高端人才的猎头公司。该渠道最便捷，公司只需把招聘要求交给人才介绍机构，最后获得机构推荐的合适的人才，但因为公司无法实时监控招聘进度，所以效果一般	成本相对较高，尤其是猎头公司收取的费用更高，中小型公司一般选择职业介绍机构，大型公司或集团公司会选择猎头公司

◆ 提升招聘人员的综合素质

每次招聘活动都是招聘人员与人才的面对面交流，招聘人员的综合素质直接影响公司在应聘者心中的形象。因此，要想使招聘活动更高效，就要提升招聘人员的综合素质，让应聘者看到公司的能力，进而信任公司并愿意入职。具体可从如图 6-2 所示的 3 个方面进行提升。

从外在的着装、行为和语言等方面进行职业规范
合格的招聘人员应做到着装职业整洁、行为得体、言语礼貌，尊重每一位应聘者。公司在选择招聘人员时，要选面容和蔼、性格温和的人。

从内部的专业知识、职业技能等方面提升职业素养
作为招聘人员，要努力充实自己的专业知识，掌握更多的职业技能和高效招聘的方法，同时还要培养强大的人际交往能力和协作沟通能力，才能够游刃有余地深入公司各个部门了解业务的开展情况及岗位的信息与动态，及时与用人部门进行沟通，协助他们做好招聘选拔工作。

从内在心态方面提升综合素质
招聘人员除了要从外在着装、行为、言语和内在专业知识、职业技能等方面提升职业素养，还需要有专业的职业心态，不将个人情绪带入工作中，以积极主动、不卑不亢的态度对待应聘者，以此提升综合素质。

图 6-2

6.2.2 为公司找对员工

除了从招聘活动的高效性入手为公司节省招聘成本外，人力资源还可以从为公司找对员工的方面达到节省的目的。

找对员工重在"对"字，即重视人才的质量，人才质量高，后期所需支付的培训成本和使用成本会相对较低。否则，招聘到的员工在进入公司一段时间后被发现不适合工作岗位，公司将面临支出离职或遣散成本，还会发生再招聘成本，大大降低招聘的有效性。

而要为公司找对人才，节省招聘成本，就要熟悉各个岗位的职责
要求。如表6-3所示的是常见岗位的大致职责要求。

表6-3　常见岗位的大致职责要求

岗位	职责要求
总经理	在一般的中小型公司，总经理通常是整个公司里职务最高的管理者或负责人，而在规模较大的公司里，总经理通常是总公司旗下某个事业体或分支机构的最高负责人。他的主要职责有： 1. 负责公司日常业务的经营管理，经董事会授权，对外签订合同和处理业务； 2. 组织经营管理团队，提出任免副总经理、总经济师、总工程师及部门经理等高级职员的人选，并报董事会批准； 3. 定期向董事会报告业务情况，并提交年度报告和各种报表、计划、方案，包括经营计划、利润分配方案、弥补亏损方案等
部门经理	他是协调部门内和公司内的资源调配的管理人员，主要职责是为部门的整体业绩负责。比如财务部经理负责部门的所有财务工作的领导与审核，人力资源部经理负责部门的所有招聘、人事等工作的领导与审核
一般财务会计人员	一般的财务会计人员又会分为不同的岗位，如总会计师、出纳、工资核算岗、成本费用核算岗、资金核算岗和往来结算岗等。总的来说，这些岗位的员工职责有： 1. 进行会计核算，记账、算账、报账； 2. 实行会计监督，对不真实、不合法的原始凭证不予受理，对记载不准确、不完整的原始凭证予以退回并要求更正补充，发现账簿记录与实物或款项不符时要按照有关规定进行处理，对无权自行处理的事务要立即向公司行政领导人报告并请求查明原因、做出处理，对违反国家统一的财政制度、财务制度规定的收支不予办理； 3. 拟定本公司办理会计事务的具体办法； 4. 参与拟定经济计划、业务计划，考核和分析预算、财务计划的执行情况； 5. 办理其他会计事务
一般的人力资源岗位	其工作性质与行政工作类似，主要负责公司员工的招聘、培训，职员的考核、薪酬核算以及职员调动等工作

续表

岗位	职责要求
销售人员	1. 负责公司产品的市场渠道开拓与销售工作，执行并完成公司产品年度销售计划； 2. 全面掌握市场的变化和竞争对手的情况，了解客源市场布置的流量，注意市场结构的变化，同时根据公司市场营销战略，提升销售价值，控制成本，扩大产品在所负责区域的销售，积极完成销售量指标，扩大产品市场占有率； 3. 与客户保持良好沟通，实时把握客户需求，管理好自己的客户； 4. 根据公司产品、价格及市场策略，独立处置询盘、报价、合同条款的协商及合同签订等事宜，并在执行合同过程中协调和监督公司各职能部门的操作
生产一线的员工岗位	主要是生产性企业中的一类特有员工，其主要职责就是根据公司的产品生产需求，及时且保质保量地完成公司下达的生产任务
一般的行政人员岗位	通常被称为行政专员，主要职责有： 1. 协助行政经理完成公司行政事务性工作和部门内部的日常事务工作； 2. 协助上级制定行政、总务及安全管理工作发展规划和计划； 3. 协助审核、修订行政管理规章制度，进行日常行政工作的组织与管理； 4. 协助高级管理人员进行财产、内务、安全管理，为其他部门提供及时有效的行政服务； 5. 协助承办公司相关法律事务，参与公司绩效管理、考勤和采购事务等工作

为了方便招聘人员了解各部门的用人要求，进而找到对的人才，有些公司还会自行编制职务说明书。它没有标准的格式，但一般都应说明岗位所执行的工作、职务的目的和范围、员工为什么工作、做什么工作以及如何工作等内容。具体表现在如下3个方面。

职务识别。即职务头衔、职务所在的部门、职务分析者及其向谁报告、最近修改职务说明说的时间和编号等内容。

功能部分。包括描述职务应完成的工作、任务和责任，说明工作活动本身的特性和进行工作的环境特性等内容。

职务说明。这部分反映为取得成功的职务绩效所需要的工人特性，通常是描述从事某职务的员工应具备的经验、教育和培训等条件及特殊的知识、能力与技能等。如图 6-3 所示的是某公司的职务说明书。

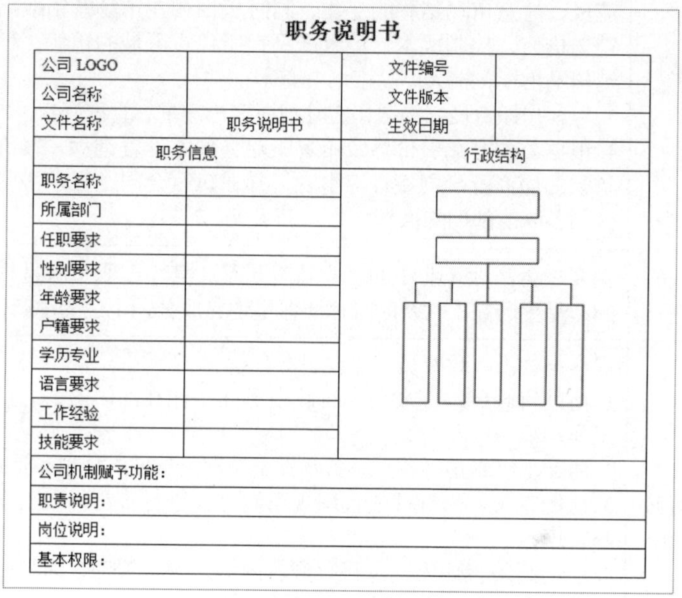

职务说明书

公司 LOGO		文件编号	
公司名称		文件版本	
文件名称	职务说明书	生效日期	
职务信息		行政结构	
职务名称			
所属部门			
任职要求			
性别要求			
年龄要求			
户籍要求			
学历专业			
语言要求			
工作经验			
技能要求			
公司机制赋予功能：			
职责说明：			
岗位说明：			
基本权限：			

图 6-3

6.2.3 兼顾内部人才提拔和外部聘用

人力资源要知道，如果在招聘环节，公司一味地实施外部聘用，则招聘费用很可能会高于既进行内部人才提拔又进行外部聘用的综合费用，因为兼顾内部人才提拔和外部聘用的招聘方式将综合两种招聘渠道的优点并弥补两者的缺点，具体特点如下。

①在内部人才提拔方式下，员工对公司的情况很了解，负责新岗位时的磨合期较短，可为公司节省培训成本。

②通过内部人才提拔可以巩固已有的良好客户关系，为公司节省客户开发成本。

③内部人才提拔可有效地激励员工积极工作，为公司节省物质激励产生的成本。

④内部人才提拔可以弥补外部聘用的缺点，如风险大、费用高、时间周期长、执行流程很繁琐等。

⑤外部聘用可以为公司引进新人才、新活力、新观点、新思路和新方法，有利于保持公司员工的活力。

⑥外部聘用可以无形中给在岗的原有员工施加压力，形成危机意识，激发工作斗志和潜能，进而为公司节省人力资源使用成本。

⑦外部聘用的选择空间大，可以招聘到一些公司缺乏的、稀缺的复合型人才，节省大量的内部培养和培训费用。

⑧外部聘用可以弥补内部人才提拔的缺点，如关系户提拔导致最终选拔的人不是岗位最适合的人才，公司内部员工知识陈旧化，精神状态趋于保守，运营机制跟不上市场的变化等。

而如果要确切地使内部人才提拔与外部聘用相结合的招聘方式达到最有效的效果，切实控制和降低招聘成本，就要让两者的使用达到平衡。从实质上看，内部人才提拔和外部聘用的相对效率取决于信息的不对称程度，相关考量如下。

◆ 对于所需能力很容易观察和度量的工作岗位，如会计人员、工程师等，外部聘用更有效。因为这类工作岗位需要通过参加专业性培训获得相应资格证书来胜任工作，内部提拔没有必要。

◆ 对所需能力很难用专业资格证书表明，且外部透明度不高的工作岗位，如行政管理、仓库管理等，内部提拔更有效。

人力分配和使用环节的成本管控

无论是公司新招的员工，还是在岗的员工，公司都会将其安排在合适的岗位进行相应的工作，即人力的分配和使用过程，人力资源可以在这一过程中控制某些成本和费用开支。

6.3.1 控制员工培训与学习的成本

员工培训与学习成本是指公司在对员工进行培训教学的过程中所消耗的各项费用开支，如购买学习资料的费用、聘请讲师的费用和引进新技术和新工艺的费用等。

控制员工培训与学习的成本，就是在培训教学和组织管理实施过程中，对所消耗的各项费用开支进行预算、监督、调节和限制，及时纠正偏差，合理控制人力资源的分配和使用成本。

一方面，公司为了自身的发展，需要通过培训的方式提高员工的工作技能水平，所以不能一味地缩减员工培训和学习的成本。另一方面，利润是促进公司发展的动力，所以公司需要采取积极的措施来增加利润，这就需要控制经营过程中的各项成本，包括员工培训和学习的成本。

公司控制培训成本的实质目的是通过各种手段不断降低培训成本，以达到实现最低目标成本取得最大培训效益的结果。所以，要在降低成本的同时，保证培训工作的质量。那么，主要有哪些有效的措施来控制员工培训和学习成本呢？如图 6-4 所示。

为培训工作建立对应的制度

让公司组织的培训活动有条不紊地进行，也能起到节省费用的作用，公司可以为培训工作建立一套完整的制度，规范培训工作的组织与管理。

制订合理的培训计划

不同时间段内，员工需要接受的培训类别不同，主要分为业务与技术培训、软技能培训。制订合理的培训计划，就是要分清当前阶段需要为员工提供的是哪类培训课程，进而避免培训无效果的现象出现，节省费用。

为员工安排恰当的培训内容

公司培训员工的主要目的是使其适应知识的更新换代，要通过培训来引导员工注意新知识、新技术，所有的培训内容要跟上新的社会发展趋势。但同时，培训内容要适应员工的真实需求，真正做到"培训有效果"，从而提高培训工作的效益，降低培训成本。

严格审核并控制培训人员和场地

每次培训，公司需要严格筛选参加培训的员工，一方面防止无关紧要的人浪费培训资源，另一方面因为员工参加培训势必会减少工作时间，影响工作进度，增加公司隐形的人力资源成本。而场地的大小也需要根据参加培训的人数而定，不能太小，也不能过大。

尽量采用无纸化培训

教材无疑是公司培训活动中的一项大开支，此时利用现代化技术进行无纸化培训，可大大降低培训成本，如 PPT、电子书等。

优化公司的培训方式

公司可建立内部兼职教师团队，生成内训资源；同时也要购买一些专业的外训资源，内训、外训结合，优化培训方式，实现资源合理配置。另外，管理者要对每次培训结果进行评估，确定培训计划的调整或修改，为下次培训活动提前做好规划，节省不必要的费用。

图 6-4

6.3.2 适当设置绩效工资以调动员工积极性

员工的基本工资是根据劳动合同约定或国家及企业规章制度规定的工资标准计算而得的工资，也称标准工资，通常是职工薪酬的主要部分。而为了调动员工的积极性，很多公司都会设置"绩效工资"这一工资模块。

绩效工资是以员工被聘上岗的工作岗位为主，根据岗位技术含量、责任大小、劳动强度和环境优劣等确定岗级，以公司经济效益和劳动力价位确定工资总量，以员工的劳动成果为依据支付的劳动报酬。它充分体现了人事制度、工资制度和财务制度密切结合的关系。

公司设置绩效工资，使得员工工资与可量化的业绩挂钩，在以高工资激励员工积极工作的同时，也能使公司的目标尽快达成，降低实现目的用时过长的隐形成本。

在设置绩效工资时，基本原则是通过激励员工个人提高绩效促进公司的绩效，刺激所有员工达到公司经营目的。但是，绩效工资有如下一些不能消除的缺点，导致公司不能一切以绩效为导向。

◆ 绩效工资正面鼓励了员工之间的竞争，会在一定程度上破坏员工之间的信任和团队意识，员工之间会封锁消息、保守经验，甚至可能会争夺客户，破坏公司形象，得不偿失。所以，对于一定要通过团队合作才能有好的产出的公司，不适合以绩效作为公司员工管理导向。

◆ 在员工追求绩效的过程中，可能出现员工绩效与公司的利益不一致的情况，即个人绩效提高但公司绩效反而降低，此时设置的绩效工资就没有价值。

◆ 员工为了提高自己的绩效工资，可能会发生损害客户利益的事情，影响公司声誉。

人力资源如何协助公司设置合理的绩效工资，达到有效控制人力资源成本的效果呢？具体可从如图 6-5 所示的 3 个方面入手。

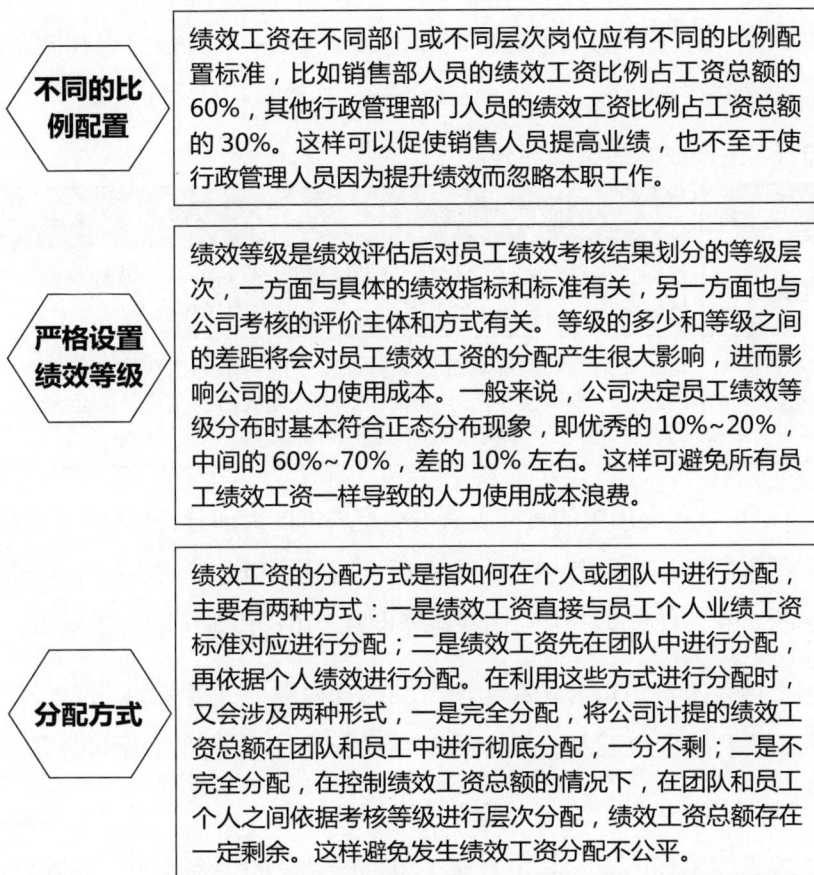

不同的比例配置
绩效工资在不同部门或不同层次岗位应有不同的比例配置标准，比如销售部人员的绩效工资比例占工资总额的 60%，其他行政管理部门人员的绩效工资比例占工资总额的 30%。这样可以促使销售人员提高业绩，也不至于使行政管理人员因为提升绩效而忽略本职工作。

严格设置绩效等级
绩效等级是绩效评估后对员工绩效考核结果划分的等级层次，一方面与具体的绩效指标和标准有关，另一方面也与公司考核的评价主体和方式有关。等级的多少和等级之间的差距将会对员工绩效工资的分配产生很大影响，进而影响公司的人力使用成本。一般来说，公司决定员工绩效等级分布时基本符合正态分布现象，即优秀的 10%~20%，中间的 60%~70%，差的 10% 左右。这样可避免所有员工绩效工资一样导致的人力使用成本浪费。

分配方式
绩效工资的分配方式是指如何在个人或团队中进行分配，主要有两种方式：一是绩效工资直接与员工个人业绩工资标准对应进行分配；二是绩效工资先在团队中进行分配，再依据个人绩效进行分配。在利用这些方式进行分配时，又会涉及两种形式，一是完全分配，将公司计提的绩效工资总额在团队和员工中进行彻底分配，一分不剩；二是不完全分配，在控制绩效工资总额的情况下，在团队和员工个人之间依据考核等级进行层次分配，绩效工资总额存在一定剩余。这样避免发生绩效工资分配不公平。

图 6-5

公司决策层在决定是否采用绩效工资制度时，需要考虑绩效工资制度是否会违背组织的宗旨，是否有利于实现公司的战略目标，是否能提高公司的经营绩效。

一旦确定采用绩效工资制度，就需要制订合适的绩效工资管理方案，确保该制度有利于公司的发展。

6.3.3 控制生产成本中的人工费用

人力资源要知道，生产成本是公司为生产产品而发生的成本，是财会人员核算工作的一个重要部分，主要包括一些直接支出和制造费用，如表6-4所示。

表 6-4　生产成本的组成部分

部分	具体成本费用
直接支出	包括直接材料费（原材料、辅助材料、备品备件、燃料及动力等材料费用）、直接工资和其他直接支出（如福利费）
制造费用	是公司为生产产品和提供劳务而发生的各项间接费用，如生产部门或生产车间发生的水电费、车间管理人员的工资、固定资产折旧费、无形资产摊销费用和其他维修费等

其中，直接支出中的直接工资占生产成本的大部分，属于人工费用，是公司生产过程中所耗费的人力资源。同时，制造费用中的车间管理人员的工资、直接支出中的福利费等也属于生产成本中的人工费用。

直接人工费用指公司在生产产品的过程中，直接参加产品生产的工人工资及按生产工人工资总额和规定的比例计提的职工福利费等。

因此，控制生产成本中的人工费用是控制公司人力资源使用成本的一项重要工作内容。其中，减少单位产品中的工资比重，对降低成本有重要作用。

而控制生产成本中的人工费用的关键在于提高劳动生产率，这就与劳动定额、工时消耗、工时利用率、工作效率和工人出勤率等因素有关。公司要对这些因素进行监督和控制，在日常工作中，生产调度人员要监督车间内部作业计划的合理安排，要合理投产、合理派工、控制窝工、停工、加班、加点等事务。

职场加油站

窝工指承包商在进入施工现场后，不能按照总包合同约定或分包合同约定或开工通知书指令或设计安排进行施工，使得施工进度慢于计划进度或合同约定进度的现象。在公司控制生产成本中的人工费用时，窝工是指因计划或调配不好，员工没有工作可做或不能发挥作用。

　　另外，公司还可对生产工人进行技术培训，提高其工作效率，同时提高产品、服务的质量，减少浪费，进而提高生产效益，变相降低人工费用。具体操作时，可参考如图 6-6 所示的一些措施。

弱化分工，精简人员

公司的生产部门或生产车间可实行"大工种"制度，解决"一人干，几人看"的问题。比如，某钢厂，对设备检修工种中的机、电、仪单一工种改成大工种，要求电工会做钳工的活儿，钳工会做简单的电工活儿，电工、钳工会做一般的焊接活儿等，用最好的人力完成多个岗位的生产操作任务。这样可以减少人工成本投入，同时也降低了管理成本，而且还使员工逐步发展成为一专多能的人才，提高了公司的用工灵活度。

适当鼓励兼岗兼职

有些公司在员工离职时，都要考虑是否可以让其他同事来分担离职员工的工作，尽量做到不影响工作进度。因此，会要求员工可以兼岗兼职，这样防止员工离职后无法及时补充空缺的问题出现。兼岗兼职对公司来说，可以减少人工费用；对员工来说可以得到一些薪酬上的增加，两全其美。在实际工作中，兼岗兼职可有两种方式进行操作：一是对员工的岗位进行重新分析，裁并一些工作任务相似的岗位；二是增设兼岗兼职的工资系数，适当鼓励员工兼岗兼职。

劳务外包，压缩福利性成本

公司可将非关键性的生产任务外包给其他生产公司，这样公司虽然也会支付一定的外包服务费，相当于支付生产工人工资，但此时不需要支付生产工人的福利费，可压缩福利性成本。

图 6-6

6.4

在员工流失方面控制人力资源成本

作为公司的人力资源，应该知道员工离职会使公司产生一些隐形成本，如职位空缺成本、新员工适应工作岗位的时间成本以及员工离职影响其他同事工作情绪导致工作效率降低等。因此，人力资源要协助公司在员工流失方面控制好人力资源成本。

6.4.1 避免员工离职给公司带来影响

控制员工流失带来的人力资源成本，首先要从源头抓起，避免员工离职，进而避免离职给公司带来的影响和隐形成本。

人力资源应该能明白，合理、有序的员工流动，能避免公司管理模式和思维方式的陈旧与僵化，有利于新观念和新思想的引进。但员工频繁地向外流失，会给公司带来负面影响，如公司机密被泄、客户流失等。因此，公司要采取积极措施降低员工离职率，从而降低员工流动带来的离职成本。

（1）明白员工的离职原因

要想从源头解决员工离职的问题，人力资源不得不了解员工的离职原因，主要有以下几点。

◆ 薪酬待遇达不到期望值。

◆ 在公司发展的空间有限。

◆ 工作职责停滞，每天无事可做。

◆ 工作和生活的平衡被打破，影响了生活质量。

公司要避免员工离职，就要从这些原因出发，找出具体的解决办法和处理措施。

（2）实施员工离职管理措施

一般来说，公司应对员工离职问题可从如图 6-7 所示的几个方面入手解决。

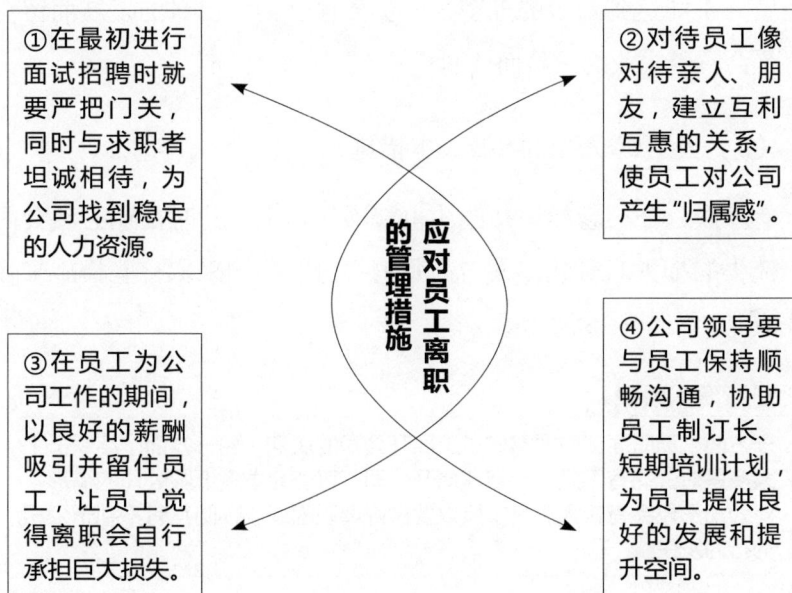

图 6-7

下面针对如上 4 个方面进行具体阐述，相关内容如下所示。

①有经验的人力资源或面试官可以从求职者的简历中发现一些问题，五花八门的简历往往体现该求职者频繁跳槽，工作不稳定，招进公司很可能使公司发生离职成本。对此，公司要谨慎聘用。另外，对自身状况夸大其词的求职者也容易跳槽，因为他们往往眼高手低，不

满足于现状。

②公司要定期为员工宣传公司的企业文化，改变工作氛围，让员工有家的感觉，培养感情，使其想要与公司一起更好地发展。

③制订完善的薪酬制度，让员工感受到公司想让员工富起来的诚意，使员工能实实在在保证生活质量。

④帮助员工做好长、短期培训计划，提升个人工作能力，让员工感受到在公司工作是有发展空间和前途的，这样一来，即使公司给予的工资并不能达到员工的期望，但员工也会为了自身的发展而留在公司，不会冒着失业的风险而离职。

（3）员工离职后的降低成本措施

有时候，公司想尽一切办法也留不住员工，此时公司必然会面临员工流失的损失。对此，人力资源也要协助公司采取一些措施来降低离职成本，如图 6-8 所示。

进行离职面谈

一方面，离职面谈时要尊重员工离开公司的决定；另一方面，离职员工大多是对公司有不满，一旦其离开公司，可能会发生诋毁公司的情形，对公司形象会有较大影响，所以要做好离职面谈，预防其有不利于公司的行为发生。

建立返聘制度

对公司而言，招回离职员工所发生的成本比招进新员工低。因为离职员工与公司和公司现有员工之间知根知底、信息对称，且工作能力强于新员工，公司无需再消耗培训费用培训新人，间接减少离职成本。

图 6-8

总之，公司要想办法减轻员工离职带来的影响，从而降低公司的职位空缺成本和引进新员工的招聘成本，最终降低离职成本。

6.4.2 把握裁员的原则和方法

在公司的发展过程中，或多或少会因为公司经营状况发生变化而产生了富余人员，此时为了减少人力资源成本，减轻公司的经济压力，改善绩效，难免会裁员。

对员工来说，裁员并不是他们愿意的，如果公司裁员工作做不好，就会引起员工的不满，给公司带来众多负面影响。因此，做好裁员工作是人力资源工作的一项重点，实施时，要把握裁员的原则和方法。

（1）裁员要遵循的原则

公司经营效益不佳，裁员可以减少人力资源成本，但也不能随意进行裁员，需要遵循如图 6-9 所示的几个原则。

重点岗位的人员不轻易裁员

公司的生产部门、技术部门中往往存在一些经验丰富、技术过硬的员工，而且在本职岗位上工作的时间比较长，这些员工是公司重要的人力资源，裁员时尽量不要考虑这些人群。

重点部门的员工裁员要谨慎

对于公司来说，每个部门都很重要，但有主次之分。销售部是重中之重，其业绩直接影响公司的经营效益。当公司效益不佳时，更要提高销售人员的工作热情，不轻易裁掉销售人员，保证稳定的销量，尽早扭转经营状况。另外，如果没有到迫不得已的境地，技术部门的员工也不要轻易裁员。其他部门在订单、客户减少时，可以适当裁员，减轻公司的人力资源成本负担。

避免发生不必要的赔偿情况

裁员的代价也是很大的，公司要对被裁的员工进行经济补偿，如果裁员数量大，这将会是一笔大开支、高成本。有时如果裁员程序不正确，还会另付被裁员工的经济补偿，加重公司的人力资源成本负担。因此，公司要裁员，一定要清楚相关程序，按章办事，谨慎处理。

图 6-9

（2）裁员常用的方法

不同的公司有一套自己的裁员理念，因此会存在不一样的裁员方法。方法没有好坏之分，只有合不合适、合不合理的考量。只要是有利于公司、能够满足公司生产经营需要、符合公司企业文化氛围的，就是可行的。

◆ 暗示离职

公司管理者想要裁某个员工，可以用一些方法让员工意识到自己是公司不再需要的人，暗示他自己先提出辞职。这样，员工自己不会感觉到自己是被"裁"掉的，对公司来说，可以节省一些裁员的经济补偿，降低裁员的成本。

◆ 分批次裁员

公司进行裁员时，为了避免一次性裁员太多而影响正常用工，可以分批次进行，讲究层次性。比如，先辞掉矛盾少、没有纠纷的员工，再处理有历史遗留问题的员工。这样不仅可以避免矛盾激化，减少不良员工联合闹事的风险，还有利于公司裁员的顺利实施，避免裁员太多引起的职位空缺成本。

◆ 基层锻炼式裁员

有些公司会把员工派到分公司或生产一线，让原本在岗位上表现平庸的员工得到去基层锻炼、提升自己的机会。这样不影响公司的稳定发展，同时又能改变当前的人力资源成本支出状况。如果最终还是发现人力资源成本没有降低，再考虑彻底裁员。

◆ 变换用工形式

一些公司会通过协商方式将部分岗位重组为承包经营或劳务派遣，以变换用工形式来降低用工成本。

◆ 实行年老员工提前退休

公司在裁员过程中要做到优化性，可以让那些不能再发挥自身价值且年老的员工提前退出工作岗位，并按规定补偿一定的福利，直至其真正退休之日为止，以达到提高生产效率和避免支出高额经济补偿金的双重目的。

◆ 特别休假

在公司暂时困难时期，对员工全部采取裁员方式予以辞退会发生大额经济补偿，将严重加重公司的负担，以后恢复生产时也难以保证优秀员工能如期返回。在这种情况下，有些公司会给员工提供一段特别的带薪休假，包括公司主动放假、职工申请事假或压缩岗位时间等形式，让员工在公司度过难关后再回到岗位上工作。类似于暂时裁员。

虽然公司的裁员方法有很多，但裁员过程中一定要注意技巧，具体可参考表 6-5 所示的技巧。

表 6-5　公司裁员的小技巧

技巧	具体做法
邮件告知	公司在裁员程序基本完成的前提下，为了避免群体性事件的出现，可不当面通告，仅以电子邮件通知员工已被裁员，并同时告知其离职时间、流程和经济补偿等内容，由员工单独到人事部办理手续
牵线搭桥	如果公司想裁掉某员工或某些员工，但由于各种原因不能直接予以辞退，可以暗中为其介绍中介，使员工觉得自己换个工作会更好，主动请辞
自愿减薪	公司如果在裁员的过程中发现某些员工态度坚决，不离职，可以提供自愿减薪的方案，让员工自行选择，要么按照裁员决定离开公司，要么选择少拿年终奖或少拿工资。如果员工选择少拿工资和年终奖，则对公司来说可避免员工离职带来的发展不稳定风险，同时还能降低人力资源成本，而员工也会因为公司提供了选择，感受到公司的人情味，有利于增加员工的凝聚力

续表

技巧	具体做法
在岗培训	公司在一些紧急情况下不得不裁掉一些核心员工时,可以与员工达成共识,变更其工资福利水平,让员工去学习,等员工学好技能时回到公司,恢复原有合同水平。这样不算裁员,其效果类似于特别休假。还有些公司的核心员工,既不需要培训,又不能辞退的,可以与员工达成转岗协议,留住核心员工,同时改变人力成本结构
裁员前提供改进绩效的机会	对于长时间工作绩效不佳的员工,或者到公司不久且表现不佳的新员工,公司可以在裁员之前给予其一次改进绩效的机会,要求其在一定时间内必须达到公司的要求,否则就请另谋高就。这样不仅可以促使员工提高工作效率,间接降低人力资源成本,还能给员工危机感,让其正视自身的问题,不断提升自我工作能力,公司也能快速培养出适岗人才

无论公司采用哪种方法和技巧实施裁员计划,都必须选择一个让员工能体面接受的理由,重点是在合法原则下让员工接受离职的现实。为了保证裁员的顺利进行,公司应与被裁员工坦诚相见,向员工讲清公司面临的困难,取得员工的谅解和支持,减少纠纷,降低不必要的经济补偿支出。如果还进行了协商或谈判,则应尽快将达成的一致意见整理成书面协议,签字存档。

6.4.3 建立健全的离职制度

很多结构完善、管理正规的公司,都有一套自己的离职制度,用来规范人力资源处理员工离职问题的工作,同时说明员工离职的相关问题和处理办法。

通常,离职管理制度包含制定该制度的目的、适用范围、离职分类及其对应的相关问题说明。如图 6-10 所示的是某公司的《员工离职管理制度》。

员工离职管理制度

一、目的

为了规范和完善离职管理，保障公司及员工的合法权益，特制定本管理制度。

二、适用范围

公司所有员工，包含中高层管理人员，任何形式的离职均适用本制度。

三、离职类型

1、自然离职：合同期满不再续签劳动合同，合同签订人因失踪或死亡或者被人民法院宣告失踪或死亡的，自然终止双方劳动关系而形成的离职。

2、中途离职

（1）辞职：因员工个人原因提出解除劳动合同。

（2）辞退：因员工的各种原因无法胜任其工作岗位或违反公司制度、规章、流程等情节较轻（详解相关规章制度）或其他法定情节者予以辞退，解除双方劳动关系。

（3）开除：因违反公司制度（详解相关规章制度）情节严重者或触犯国家法律法规予以开除，解除双方劳动关系。

（4）自动离职：旷工 3 天及以上或发现提供信息虚假者，以自动离职处理。

四、离职流程

1、辞职

（1）合同期内员工辞职需提前三十天提出书面申请。

（2）试用期员工辞职需提前三天提出书面申请。

（3）由员工本人以书面形式向自己工作部门负责人递交辞职申请，部门负责人与离职申请人沟通后，仍决定离职的，由部门负责人在收到辞职申请后的两天内，向人力资源部转交辞职申请，人力资源部将《员工离职申请表》交离职员工所在部门负责人。

（4）部门负责人收到《员工离职申请表》在两个工作日内务必与申请离职员工进行面谈并签署意见交到人力资源部。

（5）人力资源部与申请离职员工进行面谈并签署意见交给总经理审批。

（6）总经理审批通过后，通知离职员工及部门负责人办理工作交接手续，填写员工离职交接表交到人力资源部。

（7）交接手续完成后人力资源部办理退保手续，将考勤表交到财务部。

（8）人力资源部将离职人员信息档案归档（离职档案）。

2、辞退

（1）由辞退员工所在部门向人力资源部提出并领取填写《员工离职申请表》注明离职原因签署部门意见交到人力资源部。

（2）人力资源部签署意见交给总经理审批。

（3）总经理审批通过后，通知离职员工及部门负责人办理工作交接手续，填写员工离职交接表交到人力资源部。

（4）交接手续完成后人力资源部办理退保手续，将考勤表交到财务部。

（5）人力资源部将离职人员信息档案归档（离职档案）。

3、开除

（1）由开除员工所在部门向人力资源部提出并领取填写《员工离职申请表》注明离职原因签署部门意见交到人力资源部。

（2）人力资源部签署意见交给总经理审批。

（3）总经理审批通过后，通知离职员工及部门负责人办理工作交接手续，填写员工离职交接表交到人力资源部。

（4）交接手续完成后人力资源部办理退保手续，将考勤表交到财务部。

（5）人力资源部将离职人员信息档案归档（离职档案）。

......

五、本制度自颁布之日起实施。

×× 年 × 月 × 日

×× 有限公司

图 6-10

公司进行离职管理时，要按照离职管理制度走好流程，避免出现员工离职纠纷。如图 6-11 所示的是一般的离职管理流程。

员工	所属部门	人力资源部	总经理	财务部

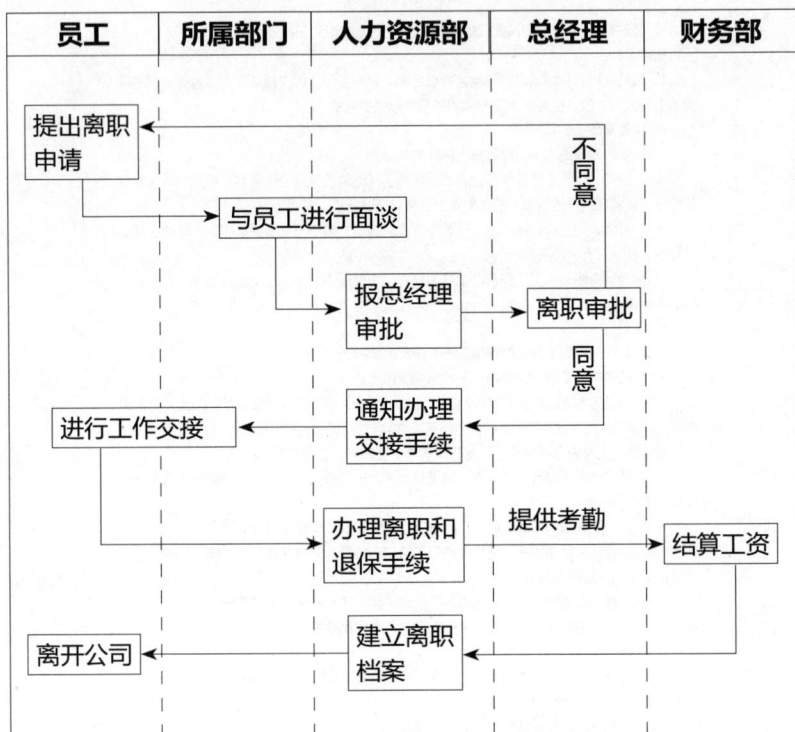

图 6-11

建立健全的离职制度，可有效防止员工闹事、经济纠纷等会给公司带来损失的事情发生，间接降低员工离职成本。

6.5
其他控制人力资源成本的要点

公司除了可以从员工招聘、培训、使用和离职等管理环节出发，控制人力资源成本，还可以从其他方面入手，降低人力资源成本，如降低隐性成本、优化组织结构和进行薪酬税务筹划等。

6.5.1 降低人力资源成本中的隐性成本

隐性成本是一种隐藏于公司总成本之中、游离于财务审计监督之外的成本，大多是由于公司或员工的行为而有意或无意造成的具有一定隐藏性的将来成本和转移成本，是成本的将来时态。比如，公司管理层决策失误带来的巨额成本增加、领导的权威失灵造成的上下不一致和效率低下等。

隐性成本的隐蔽性较大，难以避免，也不易量化、监督和考核，具有滞后性、联动性和整体性。隐性成本一般与人的行为、素质和能力等密切相关，人决定了隐性成本的高低。在人力资源成本中，隐性成本占比不小，大致有如表 6-6 所示的三大类。

表 6-6　公司人力资源成本中的隐性成本

隐性成本	说明
部分招聘成本	公司内部招聘人员的人工成本（如时间、精力等）、内部沟通协商成本、安排人员组织实施招聘工作的时间成本和人力物力成本等
员工缺勤成本	员工缺勤，会引起业务进度变慢、影响同事工作情绪、打乱上级对下级的工作安排，在这个过程中会使公司发生一些隐性成本
员工离职成本中的部分	员工离职后新安置人员成本、培训成本和替代人员适应岗位工作的时间成本，还有员工离职前的低效率工作带来的业绩降低和负面影响，以及可能发生的商业机密或商业技术泄露的风险等

如果人力资源没有协助公司做好人力资源管理，会导致人力资源成本中的隐性成本逐渐增高，且风险变大。因此，公司必须实施人力资源成本控制策略，降低隐性成本，进而从总体上降低人力资源成本。

相关措施可参考图 6-12。

重视隐性成本

公司领导和人力资源要跳脱出"数量控制"的传统成本管理观念，重视不易量化的隐性成本的开支问题。要把公司隐性成本的预防和控制纳入成本战略中去，防止经济行为短期化。

优化流程管理

公司必须夯实各个执行部门的职责，避免重复和无效作业，取消无关流程和相应机构，发现流程中出现的低效率时要及时组织流程再造。公司工作流程的各个环节之间要进行很好地衔接，做到管理制度化、系统化、标准化和专业化。

加强人力资源管理

减少用非所学、学非所用造成的教育成本浪费，专业结构搭配不合理造成的效率损失，人才层次搭配不合理造成的高才低就浪费和低才高就损失，因人设事、因人设岗导致的隐性失业等；避免员工激励不当造成公司员工的积极性受挫流失；重视公司"知识流"管理，实现企业内部知识资源共享，确保知识资源的不断增值和效率最大化发挥；重视企业文化建设，改善员工关系。

树立全过程控制观念

公司内部树立"可持续发展"观念，不仅要节约当期成本，更要注重当前行为对往后成本的影响。

图 6-12

6.5.2 优化公司内部的组织结构

公司内部的组织结构是职、责、权方面的动态结构体系，其本质是为实现公司战略目标而采取的一种分工协作体系。它也是一种模式，表明公司各个部分排列顺序、空间位置、聚散状态、联系方式和各要素之间的相互关系。

公司在进行组织结构优化时，大体思路如图 6-13 所示。

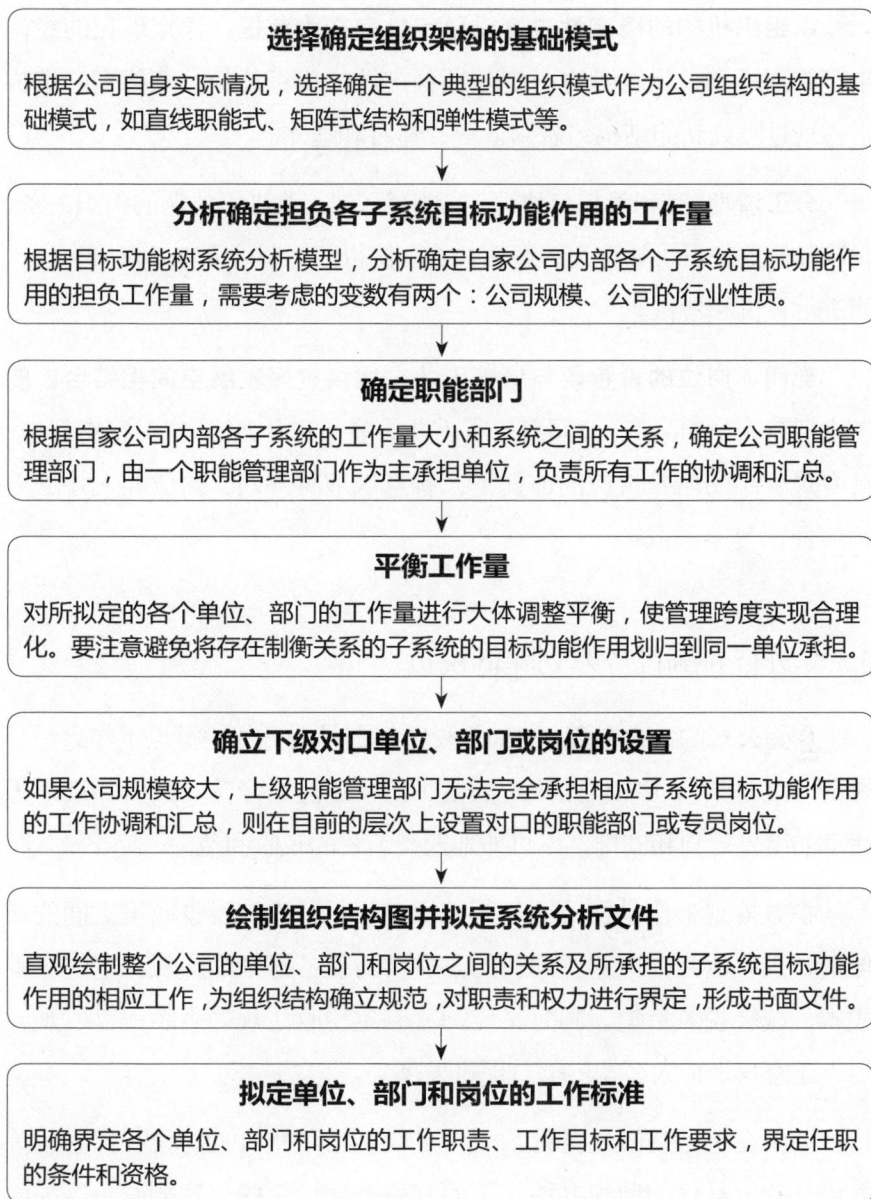

选择确定组织架构的基础模式

根据公司自身实际情况，选择确定一个典型的组织模式作为公司组织结构的基础模式，如直线职能式、矩阵式结构和弹性模式等。

分析确定担负各子系统目标功能作用的工作量

根据目标功能树系统分析模型，分析确定自家公司内部各个子系统目标功能作用的担负工作量，需要考虑的变数有两个：公司规模、公司的行业性质。

确定职能部门

根据自家公司内部各子系统的工作量大小和系统之间的关系，确定公司职能管理部门，由一个职能管理部门作为主承担单位，负责所有工作的协调和汇总。

平衡工作量

对所拟定的各个单位、部门的工作量进行大体调整平衡，使管理跨度实现合理化。要注意避免将存在制衡关系的子系统的目标功能作用划归到同一单位承担。

确立下级对口单位、部门或岗位的设置

如果公司规模较大，上级职能管理部门无法完全承担相应子系统目标功能作用的工作协调和汇总，则在目前的层次上设置对口的职能部门或专员岗位。

绘制组织结构图并拟定系统分析文件

直观绘制整个公司的单位、部门和岗位之间的关系及所承担的子系统目标功能作用的相应工作，为组织结构确立规范，对职责和权力进行界定，形成书面文件。

拟定单位、部门和岗位的工作标准

明确界定各个单位、部门和岗位的工作职责、工作目标和工作要求，界定任职的条件和资格。

图 6-13

在对公司进行组织结构优化时，通常会分为三大部分进行。

以组织机构的稳定性过度或稳定性存在为前提。稳定现在的经营生产管理活动，设置具有一定时期稳定性的组织结构，能将旧的结构平稳地过渡到新的结构，做到适应、适时和适才。

分工清晰，有利考核与协调。在现有基础上改进不协调的组织关系，预防和避免往后可能存在的摩擦关系，使得部门职能清晰、权责到位，能进行评价和考核。

部门、岗位的设置要与培养人才、提供良好发展空间相结合。要考虑现有人员的品行、公司发展所需要的能力和潜力等，在品行有保证、具有风险小的培养价值的前提下，有意识地将部门、岗位和人才培养相结合。

6.5.3 进行薪酬税务筹划降低税负

作为公司的人力资源，要知道税务筹划是财务部的重点工作之一。税务筹划是指公司在税法规定的范围内，通过对经营、投资和理财等活动的事先筹划和安排，尽可能地获得节税的税收利益。

税务筹划工作是在公司经营过程中寻求行为与税收政策之间的最佳契合点，达到合理避税的目的。成功的税务筹划能降低公司的经营成本，减轻税务负担，同时又使国家制定税收法规的意图得以实现，另外还有利于扩大公司内需，促进发展。

公司在进行薪酬税务筹划时，可以从与薪酬有关的税收优惠政策入手，找出具体的节税办法。下面就先来认识一些与薪酬有关的税收优惠政策，如表6-7所示。

表 6-7　与薪酬有关的税收优惠政策

政策	说明
计税工资的扣除	公司合理的工资、薪金支出予以税前据实扣除。国家税务总局通过制定与《中华人民共和国企业所得税暂行条例》配套的《工资扣除管理办法》对"合理的工资、薪金"进行了明确
职工福利费、工会经费和职工教育经费等可按比例税前扣除	《中华人民共和国企业所得税暂行条例》规定了公司发生的职工福利费、工会经费和职工教育经费分别按照 14%、2% 和 8% 的比例进行税前扣除，但超过这些比例的部分不能税前扣除。其中，职工教育经费在超过工资薪金总额的 8% 的部分，准予在以后纳税年度结转扣除
职工养老基金和待业保险基金可以税前扣除	职工养老基金和待业保险基金在省级税务部门认可的上交比例和基数内，准予在计算应纳税所得额时扣除

根据相关税收优惠政策的规定，公司可选择恰当的方法合理避税，一般可参考如下的措施。

◆　充分利用税前扣除政策

对公司来说，应付职工薪酬包括工资、奖金、津贴、补贴、职工福利、工会经费、职工教育经费、社保和住房公积金。按照当下的企业所得税的税法规定，只要是合理的工资薪金，都可以在税前扣除。因此，公司一定要将福利和社会保障控制在合理范围内。

◆　对高管的薪酬进行筹划

很多公司的高管人员的收入都比较高，在进行纳税筹划时，可将这些高管的一年收入分成两部分：月工资和年终奖，准确划分每个月的工资和年终奖的比例。这样可以使公司每个季度预缴企业所得税时都有较大额度的税前扣除额，减少应纳税所得额，少缴企业所得税。对员工个人来说，也能通过月工资和年终奖均衡各月工资收入，少缴个人所得税。

◆ 将薪酬变为员工福利

公司在既定的员工工资总额下，为员工支付一些服务费用，并把支付的这部分费用从应付给员工的货币工资中扣除，减少员工的工资总额，而公司可以把这部分费用作为福利费、工会经费和职工教育经费支出，在计算企业所得税时就能按照相关规定进行税前扣除。这样既减少公司应纳企业所得税税额，又减少员工个人的应纳个人所得税税额，提高了实际可支配的收入。

◆ 均衡员工各月的绩效工资

公司员工每月的绩效工资一般会不一样，而绩效工资要计入工资总额中计缴个人所得税。如果某月的绩效工资过高，相应的工资总额就会偏高，应预报预缴的个人所得税税额就会很高。为了帮助员工节省个人所得税，可以对其绩效工资进行平均分摊。

比如，在某些受季节或产量等因素影响的特定行业，如远洋运输业、远洋捕捞业、单一的服装生产和销售业等，其员工的销售业绩会因为季节不同而有所差别，绩效工资也会高低起伏较大。此时公司可以合理调节绩效工资的发放时间，为员工节税，也为公司节税。

总的来说，公司在进行薪酬税务筹划时，一定要合法，否则被税务机关查出问题后，会加收税款滞纳金和罚款，得不偿失。

凭证

账簿

报表

工资

员工岗位

社保

个人所得税

人力资源成本

年终奖

补贴

人力资源投资

公积金

CHAPTER
07

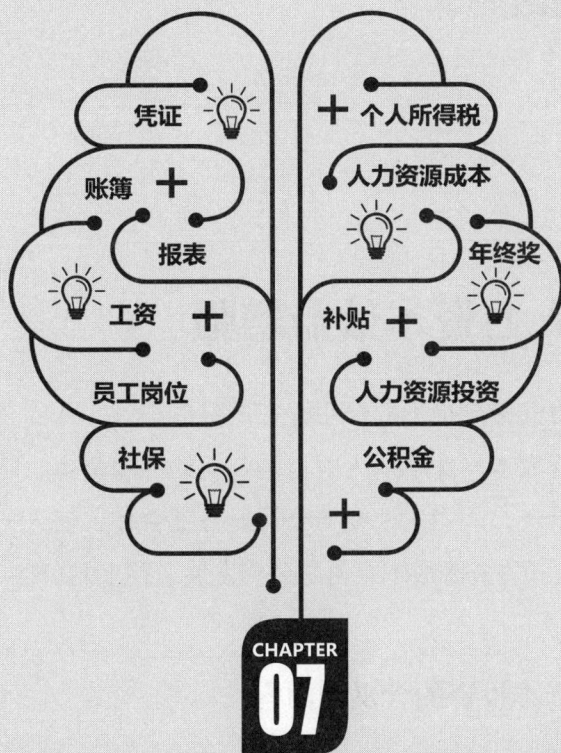

人力资本投资与公司财务

公司为了自身发展，会定期或不定期地对员工进行各种培训，如岗前培训、技术培训和岗位培训等；同时也会为了留住人才而提高公司的福利待遇，这些都属于人力资本投资。它关系着公司财务的核算处理工作，作为人力资源，必须要正确认识人力资本投资的重要性，以及人力资本投资如何影响公司的财务。

7.1
投资使人力资本效益增强

很多人力资源对员工的任用存在局限性思维，认为公司聘用员工就是增加经营成本，殊不知人力也是公司的一项资本，聘用人才是一项人力资本投资。人力资源要与公司财务部合作，使人力资本投资的效益增强，让人力资源成本不再是公司发展道路上的负担。

7.1.1 人力资本投资的含义和内容

人力资本是体现在人身上的资本，即公司对员工进行教育、职业培训等支出及其在接受教育时的机会成本等的总称。而人力资本投资是指公司以员工为对象，以开发人力资源或扩大人力资源存量，或提高人力资源质量等为目的的资金运用行为，具体含义有如下几点。

◆ 对公司来说，人力资本投资的主体是公司。

◆ 人力资本投资的对象是人，一般为投资主体所辖范围内的人。

◆ 人力资本投资直接改善、提高或增加人的劳动生产能力，即智力、知识、技能和体能等。

◆ 人力资本投资旨在通过对人的资本投入，公司未来获取价值增值的劳动产出和由此带来的收入增加。

在公司实际经营过程中，哪些内容属于人力资本投资呢？大致有以下几点。

◆ **招聘新员工：**为了避免人才短缺，公司一般会定期或不定期地招聘新员工进公司，期间会发生招聘费用，进入公司的员工将为公司所用，而招聘就属于人力资本投资。

◆ **职业技术培训**：公司为员工提供获得与发展从事某种业务所需
要的知识、技能和技巧而发生的投资支出。其投资效果表现在
人力资本构成中的专业技术等级上。

◆ **发放各种奖金、补贴和福利**：公司为了留住员工，保证人力资
本不流失，会通过发放各种奖金、补贴和福利的方式来激发员
工的工作积极性。此时这些支出也是人力资本投资。

◆ **给员工家庭提供帮助**：如给员工的孩子解决上学问题，给其父
母提供生活上的一些便利，使员工没有后顾之忧，踏实地留在
公司，这些开支也是投资。

总之，一切为员工耗费的精力、财力，都是公司在对人力资本进
行投资。

7.1.2 了解公司人力资本投资的财务目标

无论公司规模大小，性质如何，其进行人力资本投资所要达到的
财务目标一般有 3 个方面，如图 7-1 所示。

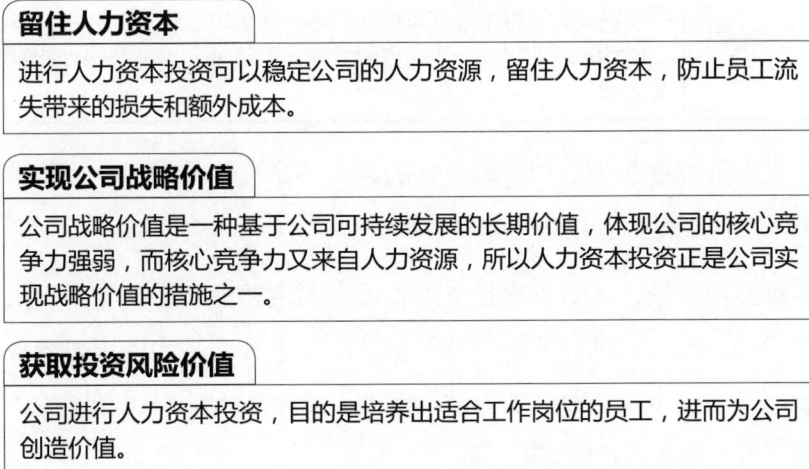

留住人力资本
进行人力资本投资可以稳定公司的人力资源，留住人力资本，防止员工流
失带来的损失和额外成本。

实现公司战略价值
公司战略价值是一种基于公司可持续发展的长期价值，体现公司的核心竞
争力强弱，而核心竞争力又来自人力资源，所以人力资本投资正是公司实
现战略价值的措施之一。

获取投资风险价值
公司进行人力资本投资，目的是培养出适合工作岗位的员工，进而为公司
创造价值。

图 7-1

总的来说，人力资本投资的财务目标应该服从公司理财目标，即实现企业价值最大化。

7.1.3 人力资本投资收益

一般的投资，其收益可以量化，即投资额与产出额之间的差额。而公司的人力资本投资的收益同时具有货币性收益和非货币性收益的特点，不能简单地以投资额与产出额之间的差额来衡量，其具有3个明显的特性，如表7-1所示。

表7-1 人力资本投资收益的特性

特性	解释
收益大多是隐性的	公司进行人力资本投资并不能立即看到收益成效，而是在长期的投资过程中实现人力资源的稳定性及存储量的增大，然后在人力资源的使用过程中实现经济收益，主要体现在员工的忠诚度、业绩的稳定和员工工作能力的整体拔高等方面
收益有明显的滞后性	公司进行的人力资本投资是一个长期积累的过程，只有到了某一阶段才会凸显出投资收益
收益中有很多附加值	公司进行人力资本投资可以获得多样化的附加值，如公司内部员工整体素质的提高、人力资源管理体系更加完善、公司对外的声誉更好、市场竞争力更强等

人力资源要想为公司争取更好的人力资本投资收益，就该清楚地知道人力资本投资收益的来源和策略。

对公司来说，人力资本投资的收益来源主要是员工参与公司生产经营活动，投入劳动后取得经营利润。除此之外，人力资源要懂得提高公司人力资本投资收益的方法和策略，如下所示的是比较常用的一些提高人力资本投资收益的策略。

◆ 提高公司人力资本投资的能力

提高人力资本投资的能力，就可以增加获取人力资本投资收益的可能性。那么，如何提高这种能力呢？几种参考措施如图 7-2 所示。

要以公司经营发展战略为导向

公司人力资源和领导层要明确经营发展战略，在进行人力资本投资时要结合战略进行合理投资，通过人力资本的优势，将人力资源转化为公司的战略资本，创设良好的工作环境，发挥人力资本的优势。

控制好人力资本投资的成本

公司进行人力资本投资时总会产生投资成本，要想实现投资收益，就需要降低人力资本投资的成本。比如，不必要的员工培训尽量不组织，不合格的员工不使用或尽早放弃，员工福利的标准要根据公司实际情况制定。

提高人力资本的使用效率

人力资源配合公司充分利用人力资本，使人力资本得到最有效的使用，从而缩短人力资本投资获取收益的周期。

做好人力资本投资的效益评估

公司对人力资本投资进行效益评估，形成科学的评估报告，发现当前人力资本投资存在的问题，为公司后期调整人力资本投资提供正式的书面参考文件，减少人力资本投资的风险。

图 7-2

◆ 分析调整人力资源管理工作

对员工完成各项工作所需的技能、知识、能力和职责进行分析，提高人力资源对人力资本的认识程度，加强人力资源管理，避免因聘用不适合岗位或不能胜任岗位的员工而导致人力资本投资无效。

◆ 建立适合公司实情的培训制度

公司对在岗员工或新入职员工进行培训，是一种比较明显的人力资本投资行为。为了公司的长期发展考虑，建立培训制度时要量力而行。经济实力不够强大的公司，培训活动要做到少而精，尽量减少培训费用的支出；而经济实力比较强大的公司，也要在组织培训活动时避免"学非所用、用非所学"的情况发生，培训内容一定要是员工工作中需要的技能、知识和技术。

◆ 不断完善人力资本投资的效益评估体系

对公司来说，任何制度与体系都不是完美的，只有通过不断地修改调整来进行完善，人力资本投资的效益评估体系也不例外。公司要通过对人力资本投资的效益进行评估，来判断人力资本投资的效益状况的好坏，进而不断改进人力资本投资的策略，以提高人力资本投资收益。因此，不断完善人力资本投资的效益评估体系是非常重要的提高人力资本投资收益的手段。

7.1.4 人力资本与公司绩效的联动效应

公司对人力资本进行投资，其收益大多反映在经营绩效上，所以人力资本的变动通常会引起公司绩效的变动。

公司绩效是指一定期间内公司经营效益和经营者业绩，其中，公司经营效益主要体现在偿债能力、资产运营能力、盈利能力和发展能力等方面；经营者业绩主要通过经营者在管理公司的过程中对公司成长、发展做出的贡献与取得的成果来体现。

在公司经营管理的过程中，人力资本与公司绩效的联动效应主要通过两方面的作用来反映。

（1）直接作用

人力资本对公司绩效的直接作用有 3 点，如图 7-3 所示。

人力资本对公司绩效的决定性作用

人力资本具有主动性、创造性，能够实现积极、主动运用好公司内部其他类型的资本，如厂房、机器等非人力资本，促使其他类型资本发挥价值。公司经营过程中的各个环节都离不开劳动者的参与，从上至下都需要人力资本的相互配合。

人力资本是改善公司绩效的源动力

公司人力资本具有专用性，本质上就是独特的，每个人都有自己的特长，形成自身特有的资本属性，与公司岗位需求相匹配。但人力资本有相互依存性，为了能使自己留在公司更好地发展，获得更多收益，就会积极地改善公司绩效，实现个人和公司的双赢。

人力资本是公司取得良好业绩和可持续发展的保证

人力资本是一种战略资源，具有价值性、稀缺性和不易仿制性，公司拥有人力资本，就能在创造价值和降低成本方面做得比竞争者好，创造出比竞争者好的绩效，比竞争者更有可持续发展的潜力。

图 7-3

（2）循环作用

人力资本和公司绩效之间具有循环作用，公司对人力资本进行再投资，可以大大提升公司绩效。因为再投资能使公司员工的技术知识与管理知识更丰富，带来技术创新，成倍地提高劳动生产率，进而提高公司绩效；另外，再投资能强化员工的敬业精神，使员工不断改进自我，增强员工对公司的满意度和公司的凝聚力，降低员工的流动率。

概括地讲，人力资本对公司绩效有决定作用，而公司绩效促进人力资本的积累、提高和完善，两者之间形成循环作用。

7.1.5 人力资本投资存在哪些财务风险

公司进行人力资本投资时，存在着目前的投资与未来收益之间的时间差距和能否收回投资成本的风险问题。这些风险问题大多是公司对人力资本属性认识不够，利用和引导不到位，难以或无法预料、控制外界环境的作用而导致的。

人力资本投资在实施过程中，难免会因为外部环境变化、员工知识和能力水平的差异、决策失误或错误等，出现投资失败的情况，给人力资本投资带来风险，尤其是财务风险，具体表现在以下几个方面。

◆ 人力资本贬值的风险

对公司员工来说，在公司期间作为一个时间整体，需要接受各种在职培训，如果员工在还没有达到公司的用工标准时就离开公司，则公司会损失人力资本，前期投资将无法收回，总体人力资本就会贬值。

◆ 投资的产出风险

投资的产出风险是由人力资本投资的长期性引发的，其回报的差异很大。比如，在人力资本投资行为中，经常出现以为招聘进公司的人会比较稳定地在岗位上多做几年，但刚进公司没多久人就离职了的现象。如果在投资回收期内，人力资本承载者发生了离职或跳槽，或者在尚未工作和工作年限未达到回收期限前就丧失了生命或工作能力，都会使公司的人力资本投资全部或部分丧失，使得投资的产出风险加大。

◆ 折旧风险

折旧风险是由人力资本投资效益的滞后性引发的，随着科技的发展，商品价值的高低主要取决于科学技术的进步，其中来自于直接劳动的部分就会成为从属要素，人力资本的投入会大打折扣，使得公司承担人力资本投资的折旧风险。

作为公司的人力资源，如何帮助公司防范这些人力资本投资的财务风险呢？

①要对公司各个岗位的设置目的、主要职责、权限范围、工作内容、结构关系及工作环境和条件等进行分析，明确各个岗位都在做什么工作，尽量做到人尽其用，让员工找到自己在公司中的价值，防止员工在人力资本投资回收期内离职或丧失工作能力。

②人力资本投资的收益具有不确定性，所以需要做好收益的预测工作，同时核算人力资本投资的成本，发现投资过程中存在的问题，积极采取措施规避投资风险，最后对当前人力资本投资进行总结性分析，为下一阶段的人力资本投资提供参考数据，避免人力资本贬值。

③提高人力资本的利用效率，缩短投资收益的回收期，降低收益的滞后性，减小科技发展对人力资本投资的影响，进而降低折旧风险。

7.2
如何使人力资本投资的效益长期有效

要使人力资本投资的效益能够长久维持，就要保证公司员工的稳定性，这就要求人力资源与财务部合作，帮助公司做好员工激励。而最能保证人力资本投资效益长期有效的员工激励方法要算股权激励了。

7.2.1 正确认识股权激励

一般来说，股权激励是公司为了激励和留住核心人才而推行的一种长期激励机制，主要通过附加条件给予员工部分股东权益，使其具有主人翁意识，从而与公司形成利益共同体，促进公司与员工共同发展，帮助公司实现稳定发展的长期目标。

人力资源可以通过如图 7-4 所示的 3 个特点来认识股权激励。

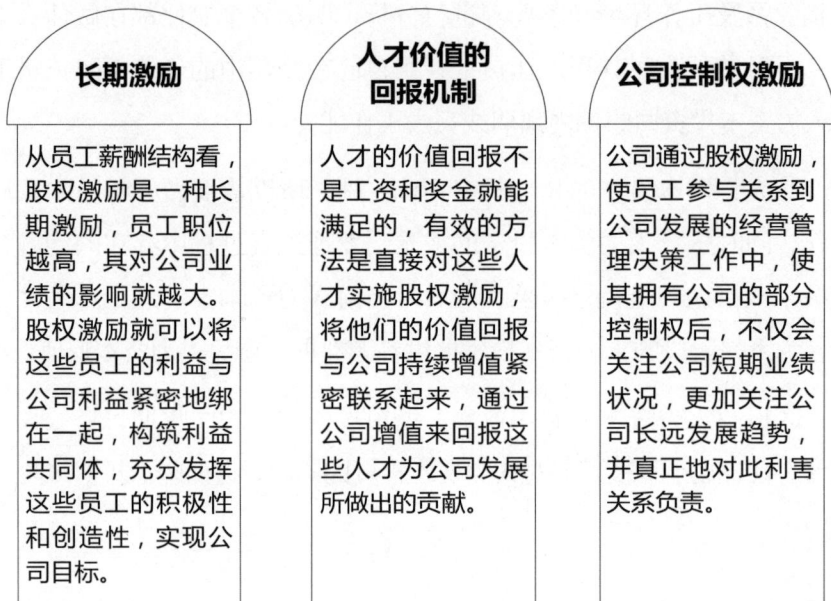

长期激励

从员工薪酬结构看，股权激励是一种长期激励，员工职位越高，其对公司业绩的影响就越大。股权激励就可以将这些员工的利益与公司利益紧密地绑在一起，构筑利益共同体，充分发挥这些员工的积极性和创造性，实现公司目标。

人才价值的回报机制

人才的价值回报不是工资和奖金就能满足的，有效的方法是直接对这些人才实施股权激励，将他们的价值回报与公司持续增值紧密联系起来，通过公司增值来回报这些人才为公司发展所做出的贡献。

公司控制权激励

公司通过股权激励，使员工参与关系到公司发展的经营管理决策工作中，使其拥有公司的部分控制权后，不仅会关注公司短期业绩状况，更加关注公司长远发展趋势，并真正地对此利害关系负责。

图 7-4

股权激励不同于工资和奖金，它能有效防止员工和领导的短期行为，使员工和领导都能更关心公司的长期发展和价值增加。

股权激励最常用的手段是股票期权，它是公司给予员工在一定期限内以一种事先约定的价格购买公司普通股的权利，适用于上市公司。股票期权一般需要经过股东大会同意。

公司在实施股权激励时，要抓住 4 个关键点。

◆ **激励模式的选择**：股权激励模式是股权激励的核心问题，直接决定了激励的效用。

◆ **激励对象的确定**：股权激励是为了激励员工，平衡公司的长期目标和短期目标，尤其是关注公司的长期发展和战略目标的实现，因此确定对象必须以公司战略目标为导向，即选择对公司战略最具有价值的员工。

◆ **购股资金的来源**：由于激励对象是公司员工，因而资金的来源就成为了整个计划过程的关键点。

◆ **考核指标设计**：股权激励的行权一定要与业绩挂钩，其中一个是公司的整体业绩条件，另一个是个人业绩考核指标。

7.2.2 了解股权激励的模式

股权激励与公司员工管理工作相关，因此，人力资源不仅需要简单地了解什么是股权激励，还需要了解这种激励的模式，具体见表7-2。

表 7-2 股权激励的模式

模式	解释
业绩股票	指在年初确定一个较合理的业绩目标，如果激励对象到年末时达到预定目标，则公司授予其一定数量的股票或提取一定的奖励基金购买公司股票。业绩股票的流通变现通常有时间和数量限制。另一种与业绩股票在操作和作用上相类似的长期激励方式是业绩单位，它和业绩股票的区别在于业绩股票是授予股票，而业绩单位是授予现金
股票期权	指公司授予激励对象的一种权利，激励对象可在规定时期内以事先确定的价格购买一定数量的本公司流通股票，也可放弃这种权利。股票期权的行权有时间和数量限制，且需激励对象自行为行权支出现金。目前，我国有些上市公司应用的虚拟股票期权是虚拟股票和股票期权的结合，即公司授予激励对象的是一种虚拟的股票认购权，激励对象行权后获得的是虚拟股票
虚拟股票	指公司授予激励对象一种虚拟的股票，激励对象可以据此享受一定数量的分红权和股价升值收益，但没有所有权和表决权，不能转让和出售，在离开企业时自动失效

续表

模式	解释
股票增值权	指公司授予激励对象的一种权利，如果公司股价上升，激励对象可通过行权获得相应数量的股价升值收益，激励对象不用为行权付出现金，行权后获得现金或等值的公司股票
限制性股票	指事先授予激励对象一定数量的公司股票，但对股票的来源、抛售等有一些特殊限制，一般只有当激励对象完成特定目标（如扭亏为盈）后，激励对象才可以抛售限制性股票并从中获益
延期支付	指公司为激励对象设计一揽子薪酬收入计划，其中一部分属于股权激励收入，该部分收入不在当年发放，而是按公司股票公平市价折算成股票数量，在一定期限后，以公司股票形式或根据届时股票市值以现金方式支付给激励对象
经营者/员工持股	指让激励对象持有一定数量的本公司股票，这些股票是公司无偿赠与激励对象的，或者是公司补贴激励对象购买的，或者是激励对象自行出资购买的。激励对象在股票升值时可以受益，在股票贬值时受到损失
管理层/员工收购	指公司管理层或全体员工利用杠杆融资购买本公司的股份，成为公司股东，与其他股东风险共担、利益共享，从而改变公司的股权结构、控制权结构和资产结构，实现持股经营
账面价值增值权	分购买型和虚拟型，其中，购买型指激励对象在期初按每股净资产值实际购买一定数量的公司股份，在期末再按每股净资产期末值回售给公司；虚拟型指激励对象在期初不需要支出资金，公司授予激励对象一定数量的名义股份，在期末根据公司每股净资产的增量和名义股份的数量计算收益，并据此向激励对象支付现金
期股	是公司所有者向经营者提供激励的一种报酬制度，实行的前提是公司制企业里的经营者必须购买本公司的相应股份。公司贷款给经营者作为其股份投入，经营者对其有所有权、表决权和分红权，其中，所有权是虚的，只有把购买期股的贷款还清后才能实际拥有；分得的红利要用来偿还期股，不能拿走，想让期股变实就要把公司经营好，有可供分配的红利
分红权激励	是公司股东将部分分配利润奖励给为公司发展做出突出贡献的科研管理骨干的激励方式，主要采用岗位分红权和项目收益分红，让不实际拥有公司股票或股权的被授予者能参与公司收益的分配，其效果类似于"虚拟股票"

职场加油站

期股和期权一字之差，但区别明显。①期股是当期（签约时或任期初始）的购买行为，股票权益在未来兑现；期权是将来购买行为，购买之时也是权益兑现之时。②期股既可以出资购买，也可通过奖励、赠予等方式获得；期权在行权时必须要出资购买才能获得。③经营者在被授予期股后，个人已支付了一定数量的资金，该股票在到期前是不能转让和变现的，既有激励作用，也有约束作用；而经营者在被授予期权后只是获得一种权利，并未有任何资金支付，如果行权时估价下跌，经营者只需放弃行权即可，个人利益并未受损，只重激励，缺乏约束。

7.2.3 进行股权激励会给公司带来的好处

公司进行股权激励，会从各个方面给公司带来好处。最明显的作用就是吸引人才并留住人才，下面来看看股权激励会给公司带来哪些具体的好处。

◆ 稳定人力资源

实施股权激励可以让员工分享公司成长带来的收益，增强员工的归属感和认同感，激发员工的积极性和创造性，也能使员工明白在离开公司或有不利于公司的行为时会失去这部分收益，提高员工离开公司或犯错的成本，进而变相降低员工离职率。

◆ 让员工关注公司长期发展而减少短期行为

传统的年终奖或绩效奖金等的考核主要集中在短期财务数据上，容易引起员工或管理者的短期行为。而股权激励方式下，对公司业绩的考核不但要关注年度财务数据，更要关注公司将来的价值创造能力。个人利益与公司利益趋于一致，形成公司利益的共同体。

◆ 对员工的业绩起到激励作用

实施股权激励后，无论是公司管理者、技术人员，还是其他员工，都可以成为公司的股东，具有分享公司利润的权利。所有接受股权激励的员工会因为自己工作的好坏而获得奖励或惩罚，这种预期的收益或损失具有一种导向作用，会大大提高员工的积极性、主动性和创造性。

◆ 构建稳定的管理团队

公司向员工实施股权激励措施，表明公司对员工工作能力的认可，同时也表达了公司愿意与员工长期合作的意愿，这样有助于公司这一大团队更稳定。

公司进行股权激励，对不同的人来说，其价值不同，如图7-5所示。

对非上市公司

绝大多数非上市公司都属于中小型企业，普遍面临资金短缺问题，通过股权激励的方式，可适当降低经营成本，减少现金流出，缓解公司面临的薪酬压力，同时提高公司经营业绩，留住绩效高、能力强的核心人才。

对公司原有股东

非上市公司往往存在一股独大的现象，公司的所有权和经营权高度统一，导致公司的很多制度形同虚设。通过股权激励的方式，有利于股东和经理人追求的目标保持一致，降低职业经理人的"道德风险"，实现所有权和经营权的分离。

对公司员工

中小企业面临的最大问题之一就是人员流动，由于待遇差距，很多中小型公司很难吸引和留住高素质的员工。通过股权激励的方式，员工的长期价值能得到体现，有利于激发员工的积极性，使得员工对公司的忠诚度也会有所增强。

图 7-5

7.2.4 股权激励会涉及哪些财务问题

股权激励本质上是一种薪酬形式，虽然它减少了公司的现金支出，但并不减少成本费用的记录，还是要像支付工资薪酬一样记录相应的工资费用。公司在实施股权激励计划时，会涉及如下一些财务问题。

（1）几个特殊的日期

在财务工作中，对各项业务发生的日期的确定关系着账务处理过程，因此，股权激励实施后需要关注几个特殊日期，如表 7-3 所示。

表 7-3 与财务有关的股权激励的日期

日期	简述
授权日	即股权激励计划得到批准的日期。股权激励计划除可以立即行权的，需要做财务处理，公司可根据实际行权时该股票的公允价值（上市公司是行权日股票的收盘价格）与员工实际支付价格的差额和行权的股票数量，计算确定为当年上市公司工资薪金支出，并依照税法规定进行税前扣除；对于有等待期的股权激励，是否执行还不确定，会计上是等待期内的每个年末都要记录工资费用，但税法上不允许计算工资费用，要等到实际行权时，按照股票公允价值和行权价格的差额和行权股票的数量，计算确定为当年上市公司工资薪金支出，并依照税法规定进行税前扣除。当期应确认的薪酬费用＝预计行权人数 × 支付股权数 × 权益工具的公允价值 × 累计会计期间（即等待期）
股权激励存续期间的每个资产负债表日	公司以回购股份形式支付股份给员工的，应在等待期内的每年年末（即资产负债表日），按照股票在授予日的公允价值记录成本费用。如果等待期超过一年，则在以后的年度中计算截至本期应确认的薪酬金额再减去前期已累计确认的金额
行权日	公司根据实际行权的权益工具数量，计算确定应转入实收资本或股本的金额，将其转入实收资本或股本后不再对已确认的成本费用和所有者权益总额进行调整；全部或部分权益工具未被行权而失效或作废的，应在行权有效期截止日在所有者权益内部结转，不冲减成本费用；对于现金结算的股份支付，应付职工薪酬在可行权日之后的公允价值变动应计入当期损益

某药业公司，2016 年 8 月 29 日为授权日，这一天没有财务处理。已知存续期间是 3 年，每期等待期为一年，所以第一个可行权日为

2017 年 8 月 29 日，第一次需要进行财务处理的时间是 2016 年 12 月 31 日，这一天要估算可能行权的股票数量，还要考虑完成业绩目标的可能性和第一个可行权日可能的股价。假设估算第一次会行权 5 万股的股票，则按照 2016 年 8 月 29 日的股票公允价值（上市公司是行权日的股票收盘价）乘以 5 万股，记录工资成本或费用。假设 2016 年 8 月 29 日的收盘价为 20 元，则：

当期应确认的薪酬费用 =50 000×20=1000 000（元）

这 100 万元要分摊在 2016 年 8 月 29 日到 2017 年 8 月 28 日期间的工资成本和费用，也就是 2016 年分摊其中的 125/365，2017 年分摊其中的 240/365。

到了 2017 年 12 月 31 日，还要估计会在第二个可行权日，即 2018 年 8 月 29 日的行权股份数量。同样按照行权日的股价计算公允价值，记录工资成本和费用，并在 2017 年和 2018 年两个会计年度分摊这部分费用。到了 2018 年 12 月 31 日，还要做同样的财务处理。

（2）企业所得税

因为股权激励会使公司记录工资费用，因此就会减少利润和需要缴纳的所得税，但税法上允许扣除的工资费用的时间和会计上有差异，具体参考表 7-3 中的授权日内容。

比如，行权日股价为 20 元，员工支付的行权价格是 12 元，则差价就是 8 元。如果一共授予 10 万股，就相当于公司给员工支付了 80 万元的薪酬。这 80 万元就需要允许在计算所得税时作为一个薪酬成本或费用来扣除，再计缴所得税。

无论是否有等待期，税法上记录工资费用的时间均是行权日期，记录的金额均是股票行权时的公允价值与行权价的差额乘以行权股数。

（3）个人所得税

对于上市公司的员工来说，在股票期权行权、限制性股票解禁之日起，在不超过 12 个月的期限内缴纳个人所得税。对于非上市公司的员工来说，由于不是按照行权的时间来计算，不发生股权转让，所以可以不计算个人所得税，可延长到股份转让时计缴个人所得税。

上市公司的员工在行权之后 12 个月，股权激励部分的薪酬是按工资薪金缴纳个人所得税，按照累进税率计缴。非上市公司的员工在股份转让时才计算个人所得税，按财产转让计缴，税率为 20%。

（4）员工持股会影响公司利润

由前 3 个财务问题可知，员工持股会影响公司的利润。在会计上，公司向员工授予激励股权时要确认股份支付的费用，且这一费用可以随着股权激励计划的时间在各个会计年度进行合理公摊；从税法角度看，员工在取得股权时产生纳税义务，计缴个人所得税，公司也在同样的时点发生税前抵扣，影响企业所得税的计缴。

员工取得股权付出的成本与股权的公允价值差异越大，对公司利润的影响就越大。另外，员工持股计划对公司未来的上市计划有影响，越晚做持股安排，对利润的影响越大，因此，公司最好尽早实施员工股权激励计划。

（5）非上市公司的纳税时点的延长问题

考虑到非上市公司经营中的不确定性更大，且员工取得股权时虽然获得所得，但并未获得现金，相关政策规定，在满足一定条件的情况下，其行权的纳税时点递延到转让股权时，且税率不使用累进税率，而直接适用 20% 的比例税率。"一定条件"有如图 7-6 所示的一些。

适用于各类型股权激励的四大基本条件

1. 股权激励计划实施主体：境内居民企业。2. 审核批准：经公司董事会、股东（大）会审议通过。3. 激励标的：本公司股权。4. 激励对象：仅限本公司的员工中的 ×× 类员工，且人数累计不得超过本公司最近 6 个月在职职工平均人数的 ×%。

适用于股票（权）期权的个别条件

股票（权）期权自授予日起，应持有满 3 年，且行权日起持有满 1 年；股票（权）期权自授予日至行权日的时间不得超过 10 年。

适用于限制性股票的个别条件

限制性股票自授予日起应持有满 3 年，且解禁后持有满 1 年。

股权奖励的个别条件

股权奖励自获得奖励之日起应持有满 3 年；实施股权奖励的公司及其奖励股权标的的公司所属行业均不属于负面清单行业（指政府规定的不开放的经济领域）。

图 7-6

7.2.5 股权激励的会计核算分类处理

股权激励的会计核算类型主要有 3 种，每种的财务处理有所不同。

◆ 公司直接授予的涉及股份支付的股权激励

以公司发行的权益性工具（股票或股票期权）作为获取激励对象的服务而支付对价，即权益结算的股份支付。公司将所获员工的服务确认为成本费用，同时将所支付的对价作为公司权益的增加，此时以权益工具的公允价值计量。

公司为获取激励对象的服务而支付现金或其他资产（根据公司股票或其他权益性工具为基础计算确定），即现金结算的股份支付。公司将所获员工的服务确认为成本费用，同时将所支付或未来支付的现金或其他资产确认为负债，以公允价值计量。

◆ 由公司股东代支付的股权激励

公司采用向股东授让限制性股票的方式实施股权激励，所取得服务的代价由股东支付并承担，公司无需确认成本费用，但公司是这种股权激励方式下换取激励对象服务的直接受益者。此时，公司有两项交易，一是公司无偿从股东处取得权益性工具，二是公司获得激励对象提供的服务，并以无偿获取的权益性工具进行结算。

该类股权激励应参照股份支付准则的相关规定确认成本费用。

◆ 提取股权激励或奖励基金的股权激励

员工用股权激励或奖励基金购买公司的股票，而公司授予员工的标的物是公司的股票，不是现金。实际上，该类股权激励是公司以奖励基金回购其股票，属于股份支付核算的范围。

上述 3 种股权激励的财务处理中，涉及股份支付所换取激励对象的服务的金额难以直接取得和可靠计量，只能间接参考公司所支付权益性工具的估值，但由于权益性工具的形式繁杂，所以在财务处理上难度较大。这就需要有一定的处理规范作为标准，具体内容如下。

①凡公司为了获得员工服务而授予权益性工具或以权益性工具为基础确定的负债，应作为公司的一项费用，计入利润表。

②不同的激励方案，首先归集出费用的总额，其次在适当的会计期间内摊销，即按照恰当的模型计量权益工具或负债的公允价值，并在等待期内摊销。

③在财务处理过程中，行权前的每一个资产负债表日，借记费用类科目，贷记"资本公积——其他资本公积"会计科目；行权时，借记

"银行存款"、"资本公积——其他资本公积"会计科目，贷记股本科目和"资本公积——资本溢价"会计科目。

7.3
建设企业文化，稳定人力资本投资效益

企业文化是公司在生产经营过程中逐步形成的，为全体员工所认同并遵守的，带有公司特点的使命、愿景、宗旨、精神、价值观和经营理念。它是保证公司制度和经营战略实现的重要思想保障，是行为规范的内在约束，所以有稳定人力资本投资效益的作用。

7.3.1 企业文化建设与财务管理的相互影响

企业文化建设与财务管理之间有着紧密的联系，而公司的核心是企业文化建设。

◆ 企业文化是核心内容

企业文化指导财务管理制度的制定，是公司的核心，同时，企业文化的体现需要财务管理作为介质。公司能否正常经营且得到高效回报，取决于正确的准则和精神指导，这就是企业文化的存在意义。

◆ 财务管理是企业文化实施的平台

财务管理制度是建立在企业文化之上的，所以公司可以通过财务管理制度这一平台来推动企业文化的传播。公司财务管理制度落到实处是企业文化的一种表现。

鉴于企业文化和财务管理之间的相互影响关系，公司可以通过加

强财务管理来促进企业文化建设,进而稳定人力资本投资效益。如图7-7
所示的是加强财务管理的一些措施。

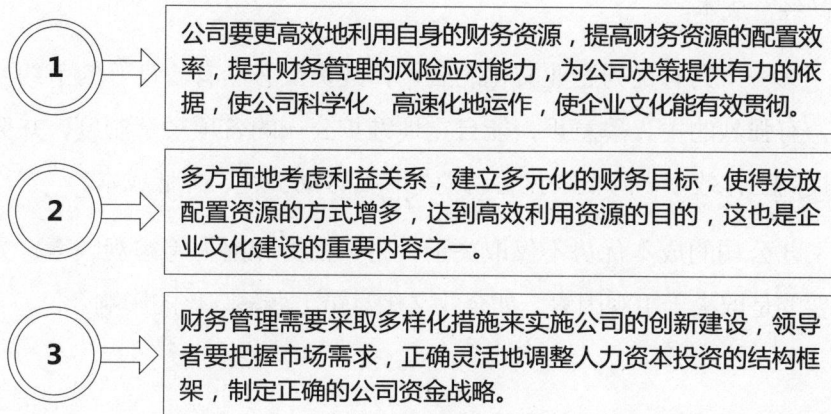

图 7-7

职场加油站

对公司来说，企业文化集中地反映在公司管理行为上，是一项无形资产，但这
项无形资产不会进行财务处理。同时，企业文化也是一种长期投资，最终的回
报可能很大。

7.3.2 企业文化建设的成本管理

企业文化建设的成本分为内在和外在两大类，内在的成本主要包
括设立组织机构、完善企业文化机制、优化公司内部环境所发生的开支；
外在的成本主要是用各种途径宣传公司的企业文化所发生的开支。

建设企业文化是成本还是投资，取决于公司领导人的强制推行和
个人影响力。良好的企业文化可以有效地控制成本，具体的控制思路
如下。

①企业文化对公司员工的生产经营理念、凝聚力、自我控制、自我约束力和成本意识等都具有很大的影响，进而促使员工为公司节省生产经营成本。

②一个具有优秀企业文化的公司，其员工必然有着良好的节约习惯，有强烈的主人翁意识，能自觉地维护公司的各项规章制度，并努力提高工作效率，降低物化劳动消耗和活劳动消耗，降低成本。

③公司的成本优势不仅取决于人力、物力和财力等客观因素，更主要的是取决于主观因素，如企业文化对员工潜移默化的影响。

7.3.3 分析企业文化建设的效益

企业文化效益是指企业文化产生的效益，包括公司的经营目标、经营思想、经营哲学、经营发展战略及有关制度等。公司的营利性是公司特征的文化现象，是企业文化效益的一个重要特征。

企业文化的最终目的是实现公司经济效益和社会效益最大化而达到的永续经营的目的，企业文化的间接目的是通过员工忠诚度和消费者忠诚度的最大化来实现公司发展动力的最大化，从而实现公司的最终目的。

企业文化也存在投入与产出的关系，但与一般的投入产出关系相比较特殊，无论是从表面上看还是从本质上看，其投入与产出都无法直接计算得出，因为其所有的产出作用都渗透到公司效益的基础中了。所以，分析企业文化建设的效益，不能看其直接带来多少效益，而应考虑其对公司效益基础的巩固和扩大具有多少作用和效能。

凭证

账簿

报表

工资

员工岗位

社保

个人所得税

人力资源成本

年终奖

补贴

人力资源投资

公积金

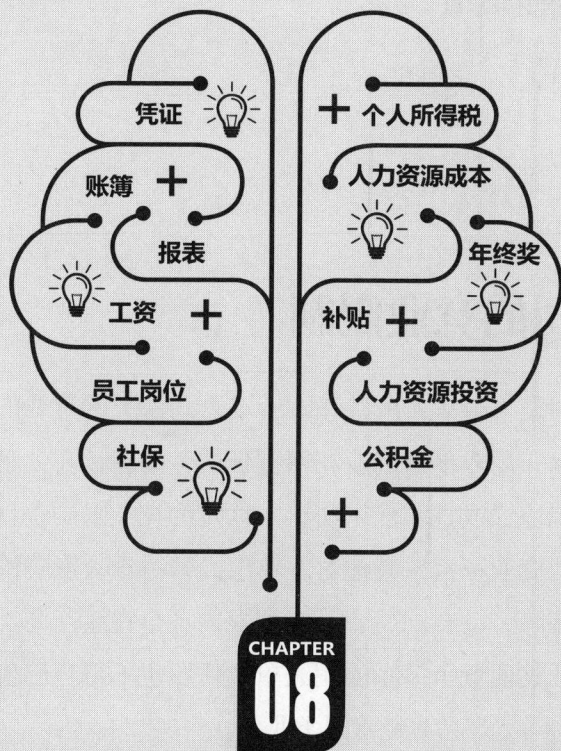

从人力资源方面防范财务风险

　　公司的人力资源部除了要处理好本部门的各种工作外，还应配合财务部做一些必要的工作，比如防范财务风险。主要工作包括协助制定与财务相关的制度和规定，履行好人力资源的工作职责，遇到财务问题及时向财务部及上级领导报告等。因此，人力资源就很有必要了解一些防范财务风险的知识。

做好公司的竞业限制

竞业限制是《中华人民共和国劳动合同法》的重要内容，是用人单位对负有保守用人单位商业秘密责任的劳动者，在劳动合同、知识产权权利归属协议或技术保密协议中约定的竞业限制条款。用人单位和知晓本单位商业秘密或其他对本单位经营有重大影响的事项的劳动者在终止或解除劳动合同后，一定期限内不得在生产同类产品、经营同类业务或任其他竞争关系的用人单位任职也不得自己生产与原单位有竞争关系的同类产品或经营同类业务。

8.1.1 公司为什么要和员工约定竞业限制

竞业限制是保护公司商业秘密的重要手段，公司与员工约定竞业限制有其必要性和可行性。

（1）约定竞业限制的必要性

公司的人才，尤其是专业人才、技术骨干、大客户经理、项目经理和财务经理等掌握着公司的重要技术和商业秘密，他们的流失可能造成公司重要商业秘密的泄露，导致无法估量的损失，给公司带来严重的经营风险。

公司的关键岗位、技术和商业秘密等在某种程度上来说是公司生死存亡的关键因素。一些竞争对手利用不正当手段，通过人才的争夺来置对方于死地。为了防止人力资源市场的不正当竞争，维护公正、有序的市场竞争秩序，推行竞业限制是很有必要的。

（2）约定竞业限制的可行性

实行同业竞业限制不是为了制约人才的自由流动，也不是为了限制劳动者的就业权和择业权，而是对公司商业秘密保护工作的一种事后补救措施，是对可能导致侵犯商业秘密的行为的事前禁止。

实践中，尤其在高新技术行业，侵犯商业机密的行为屡见不鲜，而各公司要么没有约定竞业限制，要么是竞业限制条款形同虚设。一个关键问题就是事后的证据收集工作困难重重。对此，我国劳动法明确规定了竞业限制有关的条款，公司可以根据相关的条款制定适合本公司的竞业限制办法，内部员工按照办法切实执行。

公司与员工约定竞业限制时，应注意以下几个问题。

◆ 遵守平等、自愿、诚实守信的原则

劳动法规定：订立和变更劳动合同，应遵循平等自愿、协商一致的原则，合同法中也有公平、自愿、诚实守信原则的规定。无论签订劳动合同或订立竞业限制条款都必须遵循这个基本原则，违背了这个原则，所订立的条款或合同无效。

◆ 遵循目的合法的原则

我国《反不正当竞争法》明确规定，非法获取商业机密，披露、使用或允许他人使用非法获取的商业机密，合法掌握技术秘密的人员非法披露、使用或允许他人使用其所掌握的商业秘密以及第三人明知或应知上述情况而仍然获取、使用或披露他人商业秘密的行为，均为法律禁止和打击的。这样的行为是严重的经济犯罪行为，要承担相应的刑事责任。但如果公司只是出于限制竞争、限制人才自由流动的目的而订立竞业限制，则相应的合同或条款无效。

◆ 要有明确的商业秘密保护范围

商业秘密是指不为公众所知晓、能为权利人带来经济利益、具有实用性并经权利人采取保密措施的技术信息和经营信息。比如，电信企业的商业秘密保护范围应包括：①利用公司资金、设备、技术资料等为履行本职工作或公司交付的任务所完成的科研成果；②与公司生产运营密不可分的技术支撑系统；③即将出台但尚未公布的营销策略、优惠政策、业务发展策略和经营管理方案；④尚未公开的中长期发展规划、客户分布和客户需求调查、市场预测等。

为了给公司与员工约定的竞业限制提供明确的实施标准，需要在制定有关规章制度时明确哪些技术信息和经营信息属于商业秘密保护范围，不能将该行业的一般知识技能和专业技能都纳入保护范围。

◆ 要有明确的适用对象

公司与员工约定的竞业限制应明确适用对象，限于公司的高级管理人员、高级技术人员和其他负有保密义务的人员。实际工作中，在公司从事技术研究、公司管理、财务管理和销售管理等工作的人员应都属于可适用同业竞业限制条款或合同的对象。

◆ 要有竞业限制期限的约定

公司与员工约定的竞业限制的限制时间由当事人进行事先约定，但不得超过两年。另外，竞业限制条款在劳动合同中属于延迟生效条款，即劳动合同的其他条款的法律约束力终结后，该条款才开始生效。

◆ 要有明确的经济补偿数额

如果用人单位与劳动者签订了竞业限制的合同，用人单位则要支付相应的费用，体现公平原则。

◆ 要有明确的违约责任

用人单位违反竞业限制的有关规定而不支付经济补偿金，会造成这一条款不能履行，劳动者可以不履行竞业限制条款的有关义务。但如果用人单位依约支付了经济补偿金后，劳动者违约了，也必须承担相应的违约责任。合同中要对双方的违约责任进行详细规定。

职场加油站

适用于公司董事、经理的竞业禁止制度与适用于员工的竞业限制之间虽有密切联系，但二者在实质上有较大区别，具体如图 8-1 所示。

义务的性质不同

竞业禁止是法定义务，已有法律明文规定在先，只要是董事、经理，就必须履行竞业禁止的业务；竞业限制是约定义务，只以约定为前提，若事先没有约定，员工择业就不受限制。

承担义务的主体不同

竞业禁止是公司法中规定的董事、经理，部门经理和普通员工无需承担义务；竞业限制是公司的员工都可以成为适用对象，其中包括董事、经理和部门经理。

承担义务的时间不同

竞业禁止是董事、经理的任职期间；竞业限制是与原单位解除劳动关系后的若干时间。

承担责任的形式不同

竞业禁止是侵权责任；竞业限制可能是违约责任，也可能是违约责任和侵权责任的结合。

图 8-1

在实际工作中，很多人对竞业限制存在误解，认为签订《保密协议》

就能签订《竞业限制协议》，无论职位高低，一律签订《竞业限制协议》，导致一些普通员工离职后公司还要支出额外的合理补偿。这就要求公司明确竞业限制的适用对象。

8.1.2 约定竞业限制的补偿金

用人单位与负有保守用人单位商业秘密义务的劳动者，在竞业限制协议中对经济补偿金的标准、支付形式要进行约定，实施过程中从其约定。因用人单位原因不按协议约定支付经济补偿金，经劳动者要求仍不支付的，劳动者可以解除竞业限制协议。

如果竞业限制协议对经济补偿金的标准、支付方式等未做约定的，劳动者可以要求用人单位支付经济补偿金。双方当事人由此发生争议的，可按劳动争议处理程序解决。

用人单位要求劳动者继续履行竞业限制协议的，应按劳动争议处理机构确认的标准及双方约定的竞业限制期限一次性支付经济补偿金，劳动者应继续履行竞业限制业务。

用人单位放弃对剩余期限竞业限制要求的，应按劳动争议处理机构确认的标准支付已经履行部分的经济补偿金。

竞业限制协议生效前或者履行期间，用人单位放弃对劳动者竞业限制的要求，应提前一个月通知劳动者。

我国劳动合同法对经济补偿金没有做明确的金额规定，这主要由用人单位和员工双方自行约定。但合同法明确规定了，公司要在竞业限制期限内按月给予劳动者经济补偿。如图 8-2 所示的是一份比较简单的竞业限制合同范本。

竞业限制合同

甲方：　　　　　　　　（企业）营业执照码：
乙方：　　　　　　　　（员工）身份证号码：

鉴于乙方知悉的甲方商业秘密具有重要影响，为保护双方的合法权益，双方根据国家有关法律法规，本着平等自愿和诚信的原则，经协商一致，达成下列条款，双方共同遵守：

一、乙方义务

1.1 未经甲方同意，在职期间不得自营或者为他人经营与甲方同类的行业；

1.2 无论因何种原因从甲方离职，离职后两年内不得到与甲方有竞争关系的单位就职。

1.3 无论因何种原因从甲方离职，离职后两年内不自办与甲方有竞争关系的企业或者从事与甲方商业秘密有关的产品的生产。

二、甲方义务

从乙方离职后开始计算竞业限制时起，甲方应当按照竞业限制期限向乙方支付一定数额的竞业限制补偿费。补偿费的金额为乙方离开甲方单位前一年的基本工资（不包括奖金、福利、劳保等）。补偿费按季支付，由甲方通过银行支付至乙方银行卡上。如乙方拒绝领取，甲方可以将补偿费向有关方面提存。

三、违约责任

3.1 乙方不履行规定的义务，应当承担违约责任，一次性向甲方支付违约金，金额为乙方离开甲方单位前一年的基本工资的 50 倍。同时，乙方因违约行为所获得的收益应当还甲方。

3.2 甲方不履行义务，拒绝支付乙方的竞业限制补偿费甲方应当一次性支付乙方违约金人民币 5 万元。

四、争议解决

因本协议引起的纠纷，由双方协商解决。如协商不成，则提交苏州仲裁委员会仲裁。

五、合同效力

本合同自双方签章之日起生效。本合同的修改，必须采用双方同意的书面形式。

双方确认，已经仔细审阅过合同的内容，并完全了解合同各条款的法律含义。

甲方：（盖章）　　　　　　　乙方：（签名）

图 8-2

由此看出，用人单位和员工约定的竞业限制的经济补偿金问题一般作为甲方（公司）义务的内容，而不是违约责任的内容。

8.1.3 违反竞业限制协议的违约金

劳动者违反竞业限制的约定，应按照约定向用人单位支付违约金。用人单位和劳动者在约定竞业限制条款时，应同时约定具体的违约责任的承担方式和内容。

对于竞业限制违约金的上下限，法律也没有规定，因此没有合法与否的问题，只有合理与否的问题。

公司在制定竞业限制的违约责任时，不应把补偿标准和违约金进行比较，违约金应与实际损失进行比较。如果违约金的比例显失公正的，仲裁委员会或法院应对违约金金额做出适当变更。

2012 年 10 月，张磊进入北京某技术服务有限公司上班，双方签署了《实习合同》和《保密与竞业限制协议》。实习期满后，双方于 2013 年 3 月签订了《劳动合同》和《保密与竞业限制协议》，此后续签，最后一份劳动合同的期限是 2015 年 7 月至 2018 年 7 月。

张磊的岗位是技术部门中级技术工程师，公司与其签订的竞业协议中约定：公司每月支付张磊 2 800 元作为竞业限制的补偿金，而张磊若违反约定，应支付公司 100 万元的违约金，并退还公司已经支付的竞业限制补偿金及赔偿公司的一切损失，同时继续履行协议，竞业限制的期限为两年。

2017 年 4 月，张磊从公司离职，公司向张磊发送邮件，要求其履行竞业协议，并告知某检测公司（张磊原公司的竞业公司）。2017 年 5 月，公司按照约定向张磊支付了竞业赔偿。后发现张磊离职后实际是去了竞争公司，即某检测公司上班。于是通知张磊的户籍所在地和某检测公司，要求张磊履行竞业协议，否则将暂停支付竞业限制补偿金，但均没有得到回应。

经公司方面查证，张磊从公司离职后，由一家名为某新能源开发公司为其缴纳社保，而该公司是某检测公司的关联公司。于是公司 2018 年 3 月向单位所辖区的劳动仲裁委员会申请了劳动仲裁，要求张磊支付违约金 100 万元，返还已经支付的竞业补偿金 2 800 元，并继续履行竞业限制协议。

张磊辩称自己入职的并不是竞争企业，且某新能源公司和某检测公司并不是关联公司，正式入职某检测公司是离职 5 个月后，这是因为公司没有支付其竞业补偿才去的，因此不同意支付违约金，也不愿意返还已经收到的竞业补偿金。

劳动仲裁委员会经过审理后认为，张磊从公司离职 5 个月进入某检测公司工作已经违反了竞业限制协议，应承担违约责任，但是约定的 100 万元违约金过高，因此裁定由张磊支付公司违约金 5 万元，并返还已经收到的 2 800 元竞业补偿，并需要继续履行签订的竞业协议。

张磊不服，又向法院提起诉讼，法院最终判决由张磊承担 5 万元的违约金并继续履行竞业协议，对于张磊要求不返还 2 800 元的竞业补偿金的请求予以了支持。

本案例是一起劳动者违反竞业限制协议导致承担违约责任的劳动纠纷案件，其争议焦点有两个。

①张磊离职后进入竞业企业的关联公司是否构成违反竞业协议？

张磊与公司签订了竞业协议，明知不能到竞争企业某检测公司工作，为了规避法律责任，还找了一家新能源公司为其缴纳社保，掩人耳目，认为即便被查也会被认为是在某检测公司工作。但他忽略了该能源公司的工商登记信息中的法人和某检测公司中的监事是同一人，因此张磊离职后实际上是在某检测公司工作，而原公司就是在张磊离职 5 个月后找到了张磊所在的某检测公司出具的检测报告上有张磊的签名才最终确定其实际上是在该检测公司上班。因此，张磊离职后即使是与检测公司关联的能源公司签订书面的劳动合同，由关联公司缴纳社保，但证据证明其实际为检测公司工作，也已经构成违反竞业限制协议的行为，应承担相应的违约责任。

②张磊违反了竞业协议，是否应该按照约定承担 100 万元的违约金并返还已经支付的竞业补偿？

公司和张磊签订的竞业协议中明确约定了违约金100万元的条款，是不是违约了就应按照约定支付呢？对于普通的民事案件，一般有约定的从其约定，一方认为违约金过高的，可要求适当降低。仲裁和法院在审理该案件后，综合张磊的竞业补偿金金额，从公平合理的角度判决张磊承担 5 万元的违约金。一方面是对劳动者的惩戒，另一方面是对公司利益的一种补偿。竞业协议中还约定，若劳动者违约，应返还公司已经支付的竞业补偿金。公司已经支付了张磊 2800 元，是否应该返还呢？法院经过审理后认为，某新能源公司为张某缴纳社保是张某离职后 1 个月开始缴纳的，公司无法举证证明张磊一离开公司就进入新能源公司，因此已经支付的竞业补偿不应返还，故判决中修改了劳动仲裁对该项请求的裁决。

8.2
严格履行人力资源的工作职责

人力资源做好本职工作，可以协助公司完善各项规章制度，规范公司和员工的行为，减少不必要的纠纷，间接防范财务风险。

8.2.1 认真拟定劳动合同，规避经济纠纷

劳动合同是劳动者与用人单位之间确立劳动关系、明确双方权利和义务的协议，依法订立即具有法律约束力，当事人必须履行劳动合同规定的义务。

合同双方并不能 100% 保证对方能如约履行义务，因此劳动合同中

不仅要明确双方的责任和义务，还需要明确合同的注意事项、变更、解除、终止、违约、赔偿、无效和仲裁等内容，来指导合同双方更好地按照合同约定行事。如表8-1所示的是劳动合同的必备条款和约定条款。

表 8-1　劳动合同的必备条款和约定条款

类型	条款	简述
必备条款	劳动合同期限	法律规定合同期限分3种：有固定期限，如一年、3年等；无固定期限，合同期限没有具体时间约定，只约定终止合同的条件，无特殊情况时该类合同应存续到劳动者达到退休年龄；以完成一定的工作为期限，如劳务公司外派一名员工去另一家公司工作，两家公司签订了劳务合同，劳务公司与外派员工签订的劳动合同期限是以劳务合同的解除或终止而终止。用人单位与劳动者在协商选择合同期限时，应根据双方的实际情况和需要来约定
	工作内容	劳动者和公司可以约定工作数量、质量和工作岗位等内容，在约定工作岗位时可约定较宽泛的岗位概念，也可另外签订一份短期的岗位协议作为劳动合同的附件，还可约定在某种条件下可变更岗位条款等
	劳动保护、劳动条件	可以约定工作时间和休息休假的规定，各项劳动安全与卫生的措施，对女职工和未成年工的劳动保护措施与制度，以及用人单位为不同岗位劳动者提供的劳动、工作的必要条件等
	劳动报酬	约定劳动者的标准工资、加班加点工资、奖金、津贴和补贴的数额，以及支付时间和支付方式等
	劳动纪律	将用人单位制定的规章制度约定到合同中，可采取将内部规章制度印制成册，作为合同附件的形式加以简要约定
	劳动合同终止条件	一般在无固定期限的劳动合同中约定，因为此类合同没有终止时限。但其他类型的合同也可约定这一条款
	违反劳动合同应负的责任	一般约定两种违约责任形式，一是一方违约赔偿给对方造成经济损失，即赔偿损失的方式；二是约定违约金的计算方法，约定时要注意根据职工的承受能力来约定具体金额，避免出现显失公平的情形。这里的"违约"不是一般性的违约而是严重违约，如职工违约离职，公司违法解除合同

续表

类型	条款	简述
约定条款（随机条款）	约定工作试用期	这类约定条款的内容是当国家法律规定不明确，或者国家尚无法律规定的情况下，用人单位和劳动者根据双方的实际情况协商约定的一些随机性条款。劳动行政部门印制的劳动合同样本，一般都将必备条款写得很具体，同时留出一定的空白区域由合同双方随机约定一些内容。随着劳动合同制的实施，人们的法律意识和合同观念会越来越强，劳动合同中的约定条款会越来越多，目的是提高合同质量。其中，商业秘密事项的约定最重要，公司需要根据自身情况与员工约定相应的竞业限制条款，保护公司的利益，防止公司遭遇财务风险而面临经营危机
	保守用人单位的商业秘密的事项	
	用人单位内部的一些福利待遇、房屋分配或购置等	

由此可看出，约定工作内容可避免工作岗位约定过死，因变更岗位条款协商不一致而发生的争议，进而避免可能需要支付的经济赔偿；约定劳动合同终止的条件时，不能将法律规定的可以解除合同的条件约定为终止合同的条件，这样可以避免出现用人单位应在解除合同时支付经济补偿金改为终止合同不予支付经济补偿金的情况，防止公司陷入欺骗劳动者经济补偿金的财务风险中。

其他必备条款和约定条款也应尽善尽美，考虑全面才能保护公司利益不受损害。

8.2.2 做好考勤记录和统计，防止虚报全勤奖

考勤即考查出勤，即通过某种方式来获取员工在工作时间内的出勤情况，包括上下班、迟到、早退、病假、婚假、丧假、公休、工作时间和加班情况等。因为很多公司都设有全勤奖，因此考勤记录和统

计工作是很有必要进行的，这样可以防止员工虚报全勤奖而增加公司的经营负担。

为了更好地实施考勤记录与统计工作，各个公司要制定适合的考勤统计表。如图 8-3 所示的是某公司制定的员工月度考勤记录表。

××年××月考勤记录表

填报部门：   月末在册人数：　　人

考勤日期	员工编号	姓名	满勤	事假	病假	旷工	迟到	早退	出差	备注

图 8-3

如图 8-4 所示的是某公司制定的员工月度考勤统计表。

员工月度考勤统计表

说明：本表格主要用于详细记录员工每个月的出勤情况。一方面加强考勤管理；另一方面则是作为员工工资结算（出勤天数）以及假期福利结算的重要依据，要求在行政人事部领导及主管领导核准的前提下，每月月末上报财务部。

月份：　　　　本月实际应出勤天数：　　　　上报时间：

序号	姓名	性别	部门	月工资	出勤天数	请假日期	请假天数	请假种类	是否为公假或年假	应扣工资

制表人：　　　行政人事部：　　　主管领导：　　　财务部：

备注：请假有关规定请参照企业考勤制度或员工手册相关内容。

图 8-4

8.2.3 合理规划公司的人力资源，做好内部控制

公司应重视人力资源建设，根据发展战略，结合人力资源现状和未来需求预测，建立人力资源发展目标，制定人力资源总体规划和能力框架体系，优化人力资源整体布局，明确人力资源的引进、开发、使用、培养、考核、激励和退出等管理要求，实现人力资源的合理配置，做好内部控制工作。

人力资源内部控制是指由公司董事会、监事会、经理层和其他员工实施的、旨在实现人力资源管理目标的过程。其目标大致有如图 8-5 所示的 5 点。

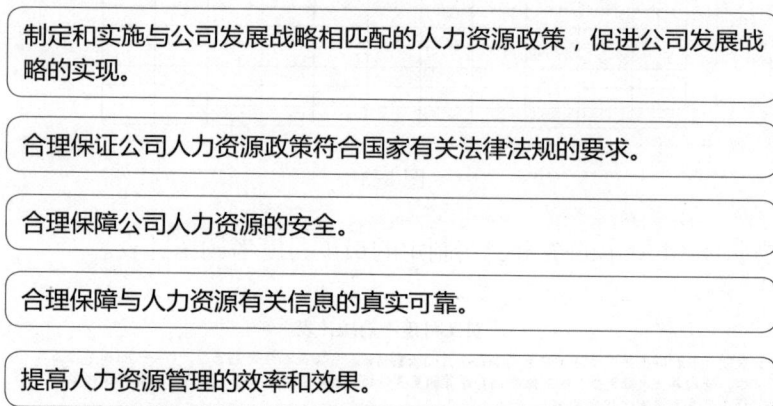

制定和实施与公司发展战略相匹配的人力资源政策，促进公司发展战略的实现。

合理保证公司人力资源政策符合国家有关法律法规的要求。

合理保障公司人力资源的安全。

合理保障与人力资源有关信息的真实可靠。

提高人力资源管理的效率和效果。

图 8-5

人力资源在协助公司合理规划人力资源、做好内部控制的过程中，可以从以下几点入手。

◆ 控制人力资源的内部环境

控制人力资源的内部环境是人力资源内部控制的基础，主要包括管理层经营哲学与用人理念，员工职业道德、专业胜任能力、诚信和道德价值观，治理结构、机构设置及权责分配、内部审计、企业文化等。

控制好这些内部环境，就是为公司人力资源规划设置了最高层基调。

◆ 人力资源的风险估计

在公司人力资源政策的制定与实施过程中，由于公司内部和外部因素的影响，存在人力资源政策无法实现其目标的可能性，这就是人力资源风险。因此，要合理规划人力资源，就要能识别人力资源风险，并对风险进行估计，然后制定出应对策略，如规避、降低、分担或接受。

◆ 安排人力资源的控制活动

规划人力资源时，其关键控制点包括实施科学合理的绩效管理，引导员工实现公司目标；制定、实施科学合理的薪酬制度，保留和吸收优秀人才；制定、实施有效的劳动保护措施，确保员工的人身安全等。主要控制措施有：不相容职务相分离控制、授权批准控制、预算控制、记录接近控制、内部报告控制和电子信息技术控制。

◆ 做好人力资源的信息沟通

要想合理地规划公司的人力资源，就要保证人力资源之间的信息沟通顺畅，在互相协作的情况下方便人力资源的规划工作。

◆ 做好人力资源内部控制的监督工作

人力资源的规划只能就当前的情况进行，而在人力资源的使用过程中，情况会发生变化，所以人力资源工作者要为公司做好监督工作，随时考察人力资源的配置情况，及时根据实情进行调整。

8.2.4 做好人事测评，防止员工出现财务舞弊

人事测评，顾名思义就是对公司员工进行的测评，主要是心理测量。人力资源部尤其要对公司的财会人员进行人事测评，了解各财会人员的心理素质和性格品行，因为财会人员掌握着公司的经济命脉。

如果某些员工存有私心，很可能会给公司带来财务风险，造成严重的经济损失。人事测评可以防止心思不正的人留在公司，进而降低公司面临财务风险的概率。

如图 8-6 所示的是某公司编制的财务人员素质测评评分表。公司可根据自身实情编制合理的员工测评表。

财务人员素质测评评分表

测评要素		权重	单项评分
测评维度	测评内容		
生理素质	体质		
	精力		
知识技能	财务专业知识		
	会计实务操作技能		
	财务管理知识		
专业能力	智力		
	数字敏感性		
	数字反应能力		
	财务专业能力		
	创造力		
人格特质	职业兴趣		
	诚信倾向		
	责任心		
	情绪稳定性		
	内外向性		
	压力承受能力		
合计		100%	

图 8-6

8.2.5 突出劳动合同免责条款，防止员工借机捞钱

免责条款是当事人约定的用以免除或限制其未来合同责任的条款，它不仅仅出现在劳动合同中，其他类别的合同中也可能出现。免责条款常被合同一方当事人写入合同或格式合同之中，作为明确或隐含的意思要约，以获得另一方当事人的承诺，使其发生法律效力，属于民事法律行为。

免责条款具有以下四大特点。

免责条款是一种合同条款，是合同的组成部分。任何企业援引免责条款免责的当事人必须首先证明该条款已构成合同的一部分，否则无权援引免责条款。

免责条款是事先约定的。当事人约定免责条款是为了减轻或免除其未来发生的责任，因此只有在责任发生以前，由当事人约定且生效的免责条款，才能使当事人的责任减轻或免除。

免责条款旨在免除或限制当事人未来应负的责任。限制和免除责任的条款有区别，一般来说，法律对免责条款的有效条件比对限责条款的有效条件要求更严格。

免责条款不同于附条件的合同。尽管免责条款在设定时，当事人也可能在条款中指明一定的条件，但它是合同的一项条款，设定目的只是为了限制和免除当事人未来的责任，并不影响合同本身的效力，不会导致合同的生效或解除。而当事人在附条件的合同中设定一定条件，旨在以条件的成就或不成就来影响合同本身的效力，若条件成立，则会发生合同生效或终止。

人力资源在帮助公司拟定劳动合同时，要保证免责条款的效力，防止员工借机捞钱，需要确认免责条款的效力，这就要求其具备一定的法律要件，具体介绍如下。

①必须是劳动合同双方当事人真实的意思表示。

②必须经劳动合同双方当事人协商同意。

③必须符合社会公共利益的要求，如必须维护国家、公司或第三人的合法权益和利益，否则无效。

④必须合理分配劳动合同双方当事人之间的权益与风险。

⑤必须予以说明的格式合同免责条款，其提供者必须尽说明义务。

除此之外，人力资源还应了解造成免责条款无效的情况有哪些。

①有失公平的无效。

②以欺诈、胁迫、恶意串通等手段或以合法形式掩盖非法目的订立的免责条款，损害国家、公司或第三人利益的无效。

③格式合同免责条款未向劳动合同双方当事人提醒注意和详细说明的无效。

④造成劳动者人身伤害的免责条款无效。这里的人身伤害是绝对的，没有轻重之分。

⑤因故意、重大过失致劳动合同当事人对方财产损失的免责条款无效。

只有明确了劳动合同的免责条款的有效要件和无效情况，公司人力资源才能更好地帮助公司判断员工的情况，防止员工以劳动合同的漏洞为由，要求公司支付赔偿金，增加公司不必要的成本开支。

8.3
人力资源要做的其他防范措施

作为一名人力资源，不仅要从大方向配合财务部做好公司的风险防范工作，还要从细节方面做好风险防范措施，如及时告知财务部员工的工资调整时间、及时提交员工的每月工资信息等。

8.3.1 要及时告知财务部工资的调整时间

很多公司当月发放给员工的工资是其上月的工资，而财会人员在人力资源部提交员工工资信息时，其财务处理工作是计提员工工资，在发放工资时要做的财务处理工作是支付员工工资。这一过程中如果涉及员工工资的调整，则会影响财会人员的财务处理工作细节。

如果人力资源部没有及时告知财务部员工的工资调整情况，则财会人员很可能以原来的工资标准记账，轻则导致账目不平，重则被审计机构查出问题而遭受罚款。

比如，某公司的员工迟慧，其 2018 年 7 月的工资按原来的标准核算，通过向公司申请，决定对迟慧加薪，8 月的工资按最新的标准核算。但是公司人力资源部没有及时向财务部提交员工工资调整的信息，依然以原来的工资标准上报迟慧 8 月的工资金额。

等到 9 月，财务部向员工发放工资后，迟慧向财务部提出工资金额有误的情况，财会人员将人力资源部提交的工资明细交给迟慧核对，这才得知人力资源部没有及时调整迟慧的工资。财务部只能对迟慧进行补发工资，又要单独登记记账凭证，增加工作量。

8.3.2 及时将每月的工资信息提交给财务部

人力资源部每月要及时将所有员工的工资信息提交给财务部，这样财务部才能做计提工资的财务处理。它与及时告知财务部工资的调整时间是相辅相成的。

为了方便财务部审核所有员工的工资，人力资源部提交给财务部的工资信息一般会通过工资明细表进行统计汇编，如图 8-7 所示的是某公司制作的工资明细表模板。

工资表

姓名	职称	月薪	出勤时间					所得薪资						扣款			应得薪资	个人扣税	实发薪资	员工签名
			应出勤天数	出勤天数	平时加班时数	周末加班时数	国假天数	正班薪资	平时加班薪资	周末加班薪资	国假薪资	岗位津贴	全勤奖	事假缺勤扣款	社保费用					
总人数																合计:				

会计：　　　　　　　　　　　　　　　　　　　　　　　批准：

图 8-7

当人力资源部将所有员工的工资明细表提交给财务部后，有审核权的财会人员会对明细表中的"出勤天数"、"正班薪资"、"岗位津贴"、"全勤奖"、"应得薪资"、"个人扣税"和"实发薪资"等数据进行审核，确认后再将工资情况提交给当地社保局和公积金管理中心，准确核算出每位员工的社保与公积金数额。

8.3.3 协助财务部监督离职人员交接工作

规章制度健全的公司，无论是员工单方面主动向公司提出离职申请，还是公司因为员工不能胜任岗位、试用不合格或严重违反公司规章制度，由公司方提出终止双方劳动关系，员工都要在正式离职前办理好交接工作。

离职交接工作是离职管理中的一项重要工作，具体有如下一些细致的事务。

◆ 完善离职工作交接事务的处理

员工离职时，员工所在的工作部门和人力资源部应认真处理好如下问题。

①核对员工入职手续时提供的个人相关证件材料。

②分析员工的离职心理，查找到员工离职的动机。

③根据相关工作制度与物品管理制度，检查离职员工对办公物品的管理、领用、使用的登记备案情况，若发现员工擅自带走公司财物且数额较大的，应及时向公安机关报案，维护公司利益。

④进行工作内容的交接。公司应针对离职员工的工作内容采取一定的措施，要求员工办理相关的内容交接。比如，员工不配合人力资源部和财务部办理工作交接手续的，公司有权暂缓为其办理离职手续。

◆ 离职的薪资处理

离职往往是劳动纠纷的多发阶段，为了防范法律风险，人力资源部和财务部应为公司做好如下事务。

①一次性结清工资，尽量避免要求离职员工在公司下月正常发薪日领取工资的做法。

②支付经济补偿金和赔偿金。

③妥善处理其他薪酬福利事项，如社保和住房公积金等，公司应与员工协商确定转移手续的办理时间和双方如何配合办理等。

◆ 进行人事档案转移

员工离职时，公司有义务为员工办理必要的相关手续，包括向员工出具离职证明、转移员工个人人事档案等。这些事务主要由人力资源部负责。

◆ 离职手续文件的签署

员工离职时，公司应要求离职员工签署离职文件，履行必要的内部手续。人力资源部要协助公司妥善保管这些离职文件，在内容和形式上完整、准确地记录离职环节，防止员工离职后对公司某项行为提起劳动争议仲裁申诉，做好充分的证据收集工作。

8.3.4 管理好劳动合同台账，防止离职后的工资纠纷

劳动合同台账就是公司员工劳动合同详细资料的一个登记表，以方便公司管理本单位的劳动合同。该台账的主要内容包括：员工姓名、部门、岗位、入职日期、签订合同日期、合同生效日期、合同到期日期、续签情况、合同变更事项、合同解除及合同终止等。

劳动合同台账的登记表可根据公司需要的具体内容来编制，没有固定模式。有些比较大型的公司还会把劳动合同台账分别编织成不同的台账，方便管理，例如下列所示的一些。

◆ 员工登记表（记录个人信息资料）。

◆ 劳动合同台账（记录劳动关系的变化情况）。

◆ 员工统计表（记录公司组织结构的调整情况）。

◆ 专项协议台账（员工特殊情况的管理）。

◆ 社会保险及医疗期台账（记录员工的各项权益情况）。

◆ 员工培训台账（记录员工的培训情况）。

◆ 终止和解除劳动关系台账（记录员工的离职和工作绩效情况）。

◆ 其他必要的台账，如人力资源发展规划管理。

这些台账都与员工的工资有或多或少的联系，管理好，就能减少离职后因为工资问题发生纠纷的可能性。

读 者 意 见 反 馈 表

亲爱的读者：

感谢您对中国铁道出版社有限公司的支持，您的建议是我们不断改进工作的信息来源，您的需求是我们不断开拓创新的基础。为了更好地服务读者，出版更多的精品图书，希望您能在百忙之中抽出时间填写这份意见反馈表发给我们。随书纸制表格请在填好后剪下寄到：北京市西城区右安门西街8号中国铁道出版社有限公司大众出版中心 王佩 收（邮编：100054）。此外，读者也可以直接通过电子邮件把意见反馈给我们，E-mail地址是：505733396@qq.com。我们将选出意见中肯的热心读者，赠送本社的其他图书作为奖励。同时，我们将充分考虑您的意见和建议，并尽可能地给您满意的答复。谢谢！

－ －

所购书名：_____

个人资料：

姓名：_____ 性别：_____ 年龄：_____ 文化程度：_____

职业：_____ 电话：_____ E-mail：_____

通信地址：_____ 邮编：_____

您是如何得知本书的：

□书店宣传 □网络宣传 □展会促销 □出版社图书目录 □老师指定 □杂志、报纸等的介绍 □别人推荐
□其他（请指明）_____

您从何处得到本书的：

□书店 □邮购 □商场、超市等卖场 □图书销售的网站 □培训学校 □其他

影响您购买本书的因素（可多选）：

□内容实用 □价格合理 □装帧设计精美 □带多媒体教学光盘 □优惠促销 □书评广告 □出版社知名度
□作者名气 □工作、生活和学习的需要 □其他

您对本书封面设计的满意程度：

□很满意 □比较满意 □一般 □不满意 □改进建议

您对本书的总体满意程度：

从文字的角度 □很满意 □比较满意 □一般 □不满意
从技术的角度 □很满意 □比较满意 □一般 □不满意

您希望书中图的比例是多少：

□少量的图片辅以大量的文字 □图文比例相当 □大量的图片辅以少量的文字

您希望本书的定价是多少：

本书最令您满意的是：

1.
2.

您在使用本书时遇到哪些困难：

1.
2.

您希望本书在哪些方面进行改进：

1.
2.

您需要购买哪些方面的图书？对我社现有图书有什么好的建议？

您更喜欢阅读哪些类型和层次的书籍（可多选）？

□入门类 □精通类 □综合类 □问答类 □图解类 □查询手册类

您在学习计算机的过程中有什么困难？

您的其他要求：